Während wir sprechen, werden im gleichen Augenblick Sterne geboren, und andere verschwinden. Welch Glorie! Cheikh Khaled Bentounès

Bi ismi Allâh   Ar-Rahmaâni   Ar-Rahîmi.
Im Namen Gottes, des Gnädigsten, des immer Barmherzigen.

Bei fast allen Gelegenheiten gebrauchte Weiheformel, sie ruft den göttlichen Segen herbei und heiligt die Worte und Taten im Alltag.

Danielle und Olivier Föllmi

Die Weisheit des Orients Tag für Tag

Mit einem Vorwort und unter Mitarbeit von Professor Paolo Branca

Aus dem Französischen von Ilse Fath-Engelhardt

Rabbi Akiba Ben Josef, Mohammed Al Harrâq, Farid ud-Dîn Attar, der heilige Augustinus, Baal Schem Tov, Elisha Ben Abuya, Rabbi Ben Asai, Tahar Ben Jelloun, Yossi Ben Khalafta, Rabbi Ben Zoma, Cheikh Khaled Bentounès, Die Bibel, Rabbi Bunam aus Pzysha, Philippe Yacine Demaison, Yunus Emre, Beram Et-Tunsi, Die Evangelisten, Morsi Gamil Aziz, Abu Hamid Muhammad ibn Muhammad al-Ghazâlî, Khalil Gibran, Hafis, Rabbi Hanina Ben Dosa, Hillel der Ältere, Ibn al-Arabî, Isaak der Syrer, Edmond Jabès, Rabbi Jehuda, Rabbi Jochanan Ben Sakkai, Shaikh Abul Hassan Kharaqani, Omar Khayyam, Der Koran, Stanislaw Jerzy Lec, Amin Maalouf, Nagib Machfus, Rabbi Meir, Rabbi Menachem Mendel, Der Midrasch, Iradj Mirza, Rabbi Mosche Löb von Sassow, Rabbi Nachman von Bratslav, Georges Natan, Marc-Alain Ouaknin, Orhan Pamuk, Ahmad Mohammed Rami, Dschalal ad-Din ar-Rumi, Rabbi Schmelke von Nikolsburg, Frithjof Schuon, Mahmûd Shabestarî, Ahmad Shafiq Kamel, Rabbi Shimon bar Yohai, Rabbi Simcha Bunem von Przysucha, Faouzi Skali, Der Talmud, Abû Hayyân al-Tawhîdî, Die Thora, Muhammad Yunus, Rabbi Zadok HoCohen von Lublin, Yitzhak Eisik

KNESEBECK

Vorwort

»Da zog der Herr vorüber: Ein starker, heftiger Sturm, der die Berge zerriss und die Felsen zerbrach,
ging dem Herrn voraus. Doch der Herr war nicht im Sturm. Nach dem Sturm kam ein Erdbeben.
Doch der Herr war nicht im Erdbeben. Nach dem Beben kam ein Feuer. Doch der Herr war nicht im Feuer.«

Diese bekannte Bibelpassage erinnert uns daran, dass die Offenbarung des Absoluten, wie es unter Voraussetzung ihres geheimnisvollen und erhabenen Ursprungs zu erwarten ist, nicht selten von außergewöhnlichen Erscheinungen begleitet wird.
In einem Zyklus von Bildern und Zitaten aus den großen kulturellen und religiösen Traditionen des Maghreb und des Orients führt uns dieses Buch aus der Leere unseres modernen, naturfernen Daseins zu den Quellen des Lebens selbst. Paradoxerweise sind die Wüstengebiete des Mittleren Orients und Nordafrikas die Haupthandlungsorte dieser Rückkehr zu den Ursprüngen. Doch das muss nicht erstaunen. Das Judentum, das Christentum und der Islam haben ihre gemeinsamen Wurzeln in Abraham, dem nomadischen Patriarchen, der mit seinem Leben unsere angeblichen Sicherheiten ins Wanken bringt und uns zur Wanderschaft anhält.
Der dargebotene Weg zeichnet sich von Anfang bis Ende durch ein Gefühl der Suche und der Hoffnung aus.
Die Antwort – die für jeden anders ausfällt, aber doch eine einzige für uns alle darstellt – wird denen gegeben, die sich infrage stellen können: Darin liegt der Schlüssel des Geheimnisses, das in jedem Stein, in jedem Atemzug und in jeder Lebensgeschichte dieser wahrhaftigen Wiege der Menschheit pulsiert.
Angesprochen sind nicht nur die wenigen mit besonderen Fähigkeiten und Kenntnissen ausgestatteten Privilegierten. Alle Menschen können dem Aufruf folgen, wieder wie die Kinder zu werden, und zu Demut, Neugier und

Staunen imstande sein. In diesem Sinn ist jede Prophezeiung, was sie schon immer war und sein musste: kein streng formuliertes Dogma, vielmehr gibt sie einen unverhofften Einblick in das Rätsel unserer Herkunft und eine Vorstellung davon, was uns in der Zukunft erwartet. Nicht nur der religiös Denkende, sondern jeder Mensch, der sich seines Geheimnisses gewahr ist, wird sich in diesem Zyklus wiedererkennen.

Unausgesprochene Fragen – deren wir uns manchmal gar nicht ganz bewusst sind – tauchen Seite für Seite auf und bringen uns auf die Spur einer Geschichte, die so alt ist wie die Welt, inmitten des ganz alltäglichen Lebens, das ein jeder kennt. Wie nach dem Aufstieg auf einen Berggipfel, wie lange dieser Weg auch dauert, eröffnen sich schließlich ungeahnte Ausblicke. Bewegt und dankbar für dieses Geschenk, möchte man es sogleich mitteilen. So können wir einander im engeren und weiteren Umkreis geliebter Menschen zugestehen, uns selbst und die Welt mit neuen Augen zu sehen.

Paolo Branca
Professor für arabische Sprachen, Literatur und Islamistik
an der Katholischen Universität von Mailand
Spezialist für die Vermittlung zwischen Islam und Moderne

1. Januar

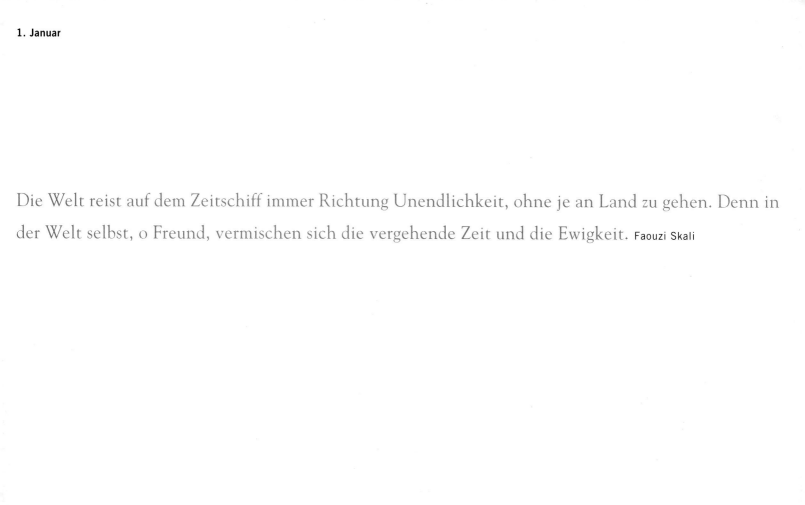

Die Welt reist auf dem Zeitschiff immer Richtung Unendlichkeit, ohne je an Land zu gehen. Denn in der Welt selbst, o Freund, vermischen sich die vergehende Zeit und die Ewigkeit. Faouzi Skali

In den Dünenfeldern bei Ubari, der letzten Oase im Wadi Adjal, Libyen

2. Januar

Gott verbirgt sich – damit der Mensch ihn sucht. Rabbi Nachman von Bratslav

In abgeschiedener Höhe liegt das koptische Kloster des heiligen Paulus von Theben (Deir Anba Bula). Zu dem den Mönchen vorbehaltenen Klosterkomplex gehören fünf Kirchen. Ägypten

3. Januar

Denn im Sonnenlicht liegt der Atem des Lebens, und des Lebens Hand ist im Wind. Khalil Gibran

Während des jährlichen Festivals in Ghat, dem Tor zur Sahara, lassen die Tuaregfamilien ihre Traditionen wieder aufleben. Libyen

4. Januar

Obgleich du von der Welt betört bist,

birgst du tief in dir einen Schatz.

Öffne dein inneres Auge,

kehr endlich zu deinem Ursprung zurück.

Dschalal ad-Din ar-Rumi

Dromedare kommen zum Trinken in die Guelta Archai im Süden der Sahara. Tschad

5. Januar

Wenn wir uns bewusst machen, dass jeder von uns eine Erscheinung von Gottes Angesicht ist, wie die Facetten eines Diamanten, dann bewundern wir Gott in der Brüderlichkeit und in der gegenseitigen Liebe. Cheikh Khaled Bentounès

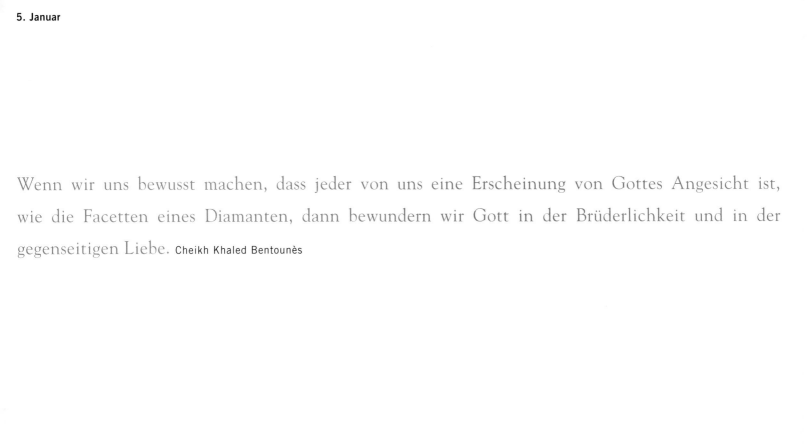

Der vierjährige Wamusabri auf dem jährlichen Festival in Ghadames, wo die Berber- und Tuaregfamilien ihre Traditionen wieder aufleben lassen, Libyen

6. Januar

Fehlt dir der Fuß zur Reise,

so wähle den Weg in dich selbst –

Solch Reise verwandelt das Staubkorn

in goldene Herrlichkeit!

Dschalal ad-Din ar-Rumi

Im Massiv des Hohen Altai überquert eine Karawane den späten Firnschnee. Mongolei
FOLGENDE DOPPELSEITE: In Assuan dient der Nil noch immer dem Warentransport, auch wenn die Feluken hauptsächlich für den Tourismus eingesetzt werden. Ägypten

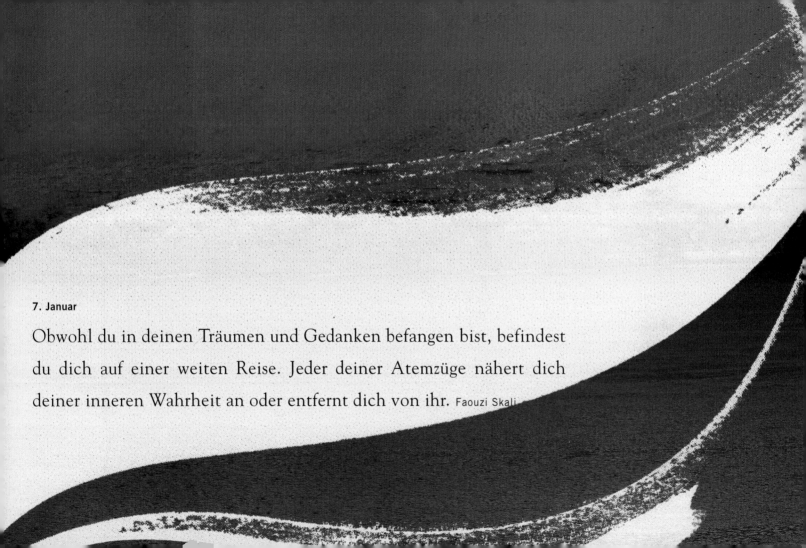

7. Januar

Obwohl du in deinen Träumen und Gedanken befangen bist, befindest du dich auf einer weiten Reise. Jeder deiner Atemzüge nähert dich deiner inneren Wahrheit an oder entfernt dich von ihr. Faouzi Skali

8. Januar

»Morgen« zu sagen gehört nicht zu den Bedingungen des Pfades. Dschalal ad-Din ar-Rumi

Die uigurische Stadt Kaschgar in China hat den größten zentralasiatischen Markt, auf dem sich Händler aus Kasachstan, Tadschikistan, Kirgisien, Afghanistan, Pakistan und Indien einfinden.

9. Januar

An diesem höheren Ort deiner selbst ist der Augenblick nichts mehr, was man misst; er ist ein Urimpuls, der innerhalb der Ewigkeit deine Existenz bestimmt. Faouzi Skali

10. Januar

Und das, was in euch singt und nachdenkt, weilt noch in den Grenzen jenes ersten Augenblicks, der im Weltraum die Sterne ausstreute. Khalil Gibran

Die 19-jährige Targia Fatima in Ghadames, Libyen

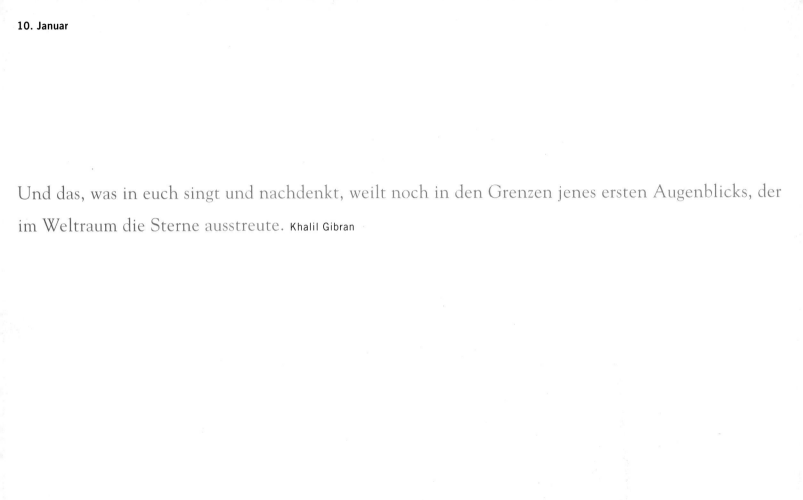

11. Januar

Bereue einen Tag vor deinem Tod, das heißt sofort, denn deinen Todestag kennst du nicht. Der Talmud

Im Isistempel auf der Insel Philae nahe Assuan, Ägypten

12. Januar

Das Leid hat seine Seite der Freude, die Verzweiflung hat ihre Süße, und der Tod hat einen Sinn.

Nagib Machfus

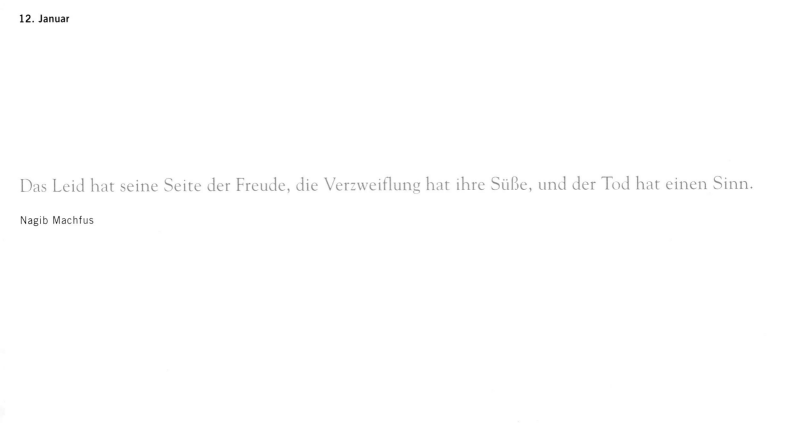

Rast im Schatten der Weiden in der Oase Kaschgar in China, im Herzen Zentralasiens

13. Januar

So wie euer höheres Selbst ist auch das Leben verborgen und verhüllt. Doch das Leben kennt viele Worte. Es spricht durch jeden Atemzug, und es spricht durch das Lächeln auf euren Lippen und durch die Tränen in euren Augen. Khalil Gibran

Begegnung im Dorf Djebel Haraz, Jemen
FOLGENDE DOPPELSEITE: Der 7546 Meter hohe Mustagh Ata im Herzen Zentralasiens, zwischen China, Afghanistan und Pakistan

14. Januar

Richte dein Augenmerk auf die Vergänglichkeit deines Lebens, und dir wird die Ewigkeit aufgehen.

Faouzi Skali

15. Januar

Es gibt viele Möglichkeiten der Suche, aber der Gegenstand der Suche ist immer derselbe. Siehst du nicht, dass verschiedene Wege nach Mekka führen, einer von Byzanz, der andere von Syrien und wieder andere von noch weiter her über das Land oder das Meer? Die Wege sind verschieden, aber das Ziel ist dasselbe … Dschalal ad-Din ar-Rumi

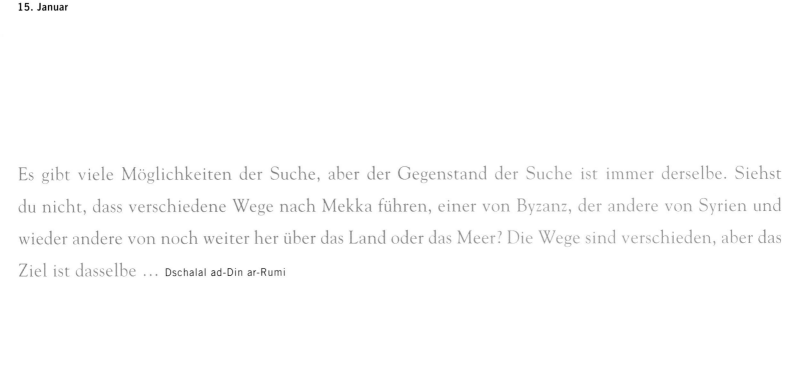

In Essaouira während des Gemeinschaftsgebets am Ende des Ramadan, Marokko

16. Januar

Du hast dich verirrt, mein Freund, da du nicht deinen Weg gegangen bist. Du hast die Alleen und Prachtstraßen der anderen Reisenden genommen, weil sie gut besucht waren und weil du geglaubt hast, dich dort auszukennen! Faouzi Skali

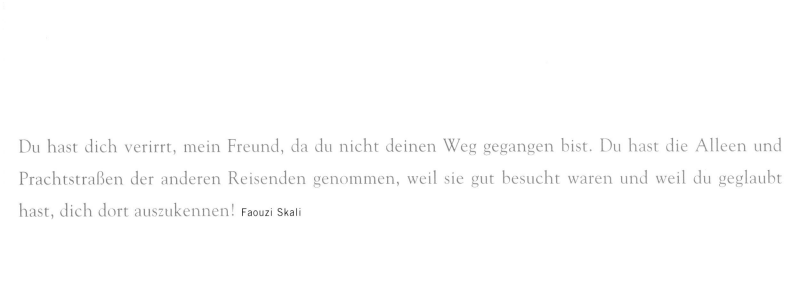

In Leptis Magna, einer der größten Metropolen des Römischen Reichs, erinnert ein Triumphbogen an die Geburtsstadt des Kaisers Septimius Severus. Libyen

17. Januar

Der Mensch sollte die Illusion aufgeben, dass sein Lebensweg bereits vorgezeichnet ist. Marc-Alain Ouaknin

Die Altstadt von Ghadames, ein bedeutendes Kulturerbe der Berber, entstand zum Schutz vor der Hitze der Wüste. Libyen

18. Januar

Erhebe dich über Zeit und Raum, lass die Welt los, und sei dir selbst eine Welt. Mahmûd Shabestarî

Der aus Al Hudaydah stammende 65-jährige Fischer Arif ruht sich nach dem Fischfang auf seinen Netzen aus. Jemen

19. Januar

Mein Herz steht allen Formen offen:
Es ist eine Savanne für die Gazellen, ein Kloster für die Mönche,
ist Tempel für die Götterbilder, Mekka für die Pilger,
ist die Rolle der Thora, das Buch des Koran.
Ich übe die Religion der Liebe aus; was ihre Formen auch seien:
Meine Religion und mein Glaube sind die Liebe.

Ibn al-Arabî

Dromedare kommen zum Trinken in die Guelta Archai im Süden der Sahara. Tschad

20. Januar

Das Schicksal hat für den Menschen die gleiche Bedeutung wie der Wind für ein Segelschiff. Der Mann am Ruder kann weder entscheiden, woher der Wind kommt, noch mit welcher Stärke er weht, aber er kann sein Segel ausrichten. Und das macht manchmal einen gewaltigen Unterschied aus. Derselbe Wind, der einen unerfahrenen, unbesonnenen oder falsch unterrichteten Segler ins Verderben stürzt, bringt einen anderen sicher an Land zurück. Amin Maalouf

In Assuan dient der Nil noch immer dem Warentransport, auch wenn die Feluken hauptsächlich für den Tourismus eingesetzt werden. Ägypten
FOLGENDE DOPPELSEITE: Die Dünen von Ghadames am Tor zur Sahara liegen nur einige Kilometer von der algerischen und tunesischen Grenze entfernt. Libyen

21. Januar

Verlange nie, dass jemand deinen Weg kennt, dann kannst du nicht vom Weg abkommen.

Rabbi Nachman von Bratslav

22. Januar

Wenn die Dinge zu uns sprechen, heißt das, dass wir ihnen gegenüber offen sind, dass wir sie wahrnehmen und auf den ihnen innewohnenden Sinn hören. Wenn die Dinge uns nichts mehr zu sagen haben und schweigen, liegt das an unserer Voreingenommenheit, die neuen Sinn ausschließt und uns die Welt auf erstarrte, tote Weise darstellt. Marc-Alain Ouaknin

Wadi Tabab auf dem Sonntagsmarkt in Taiz, Jemen

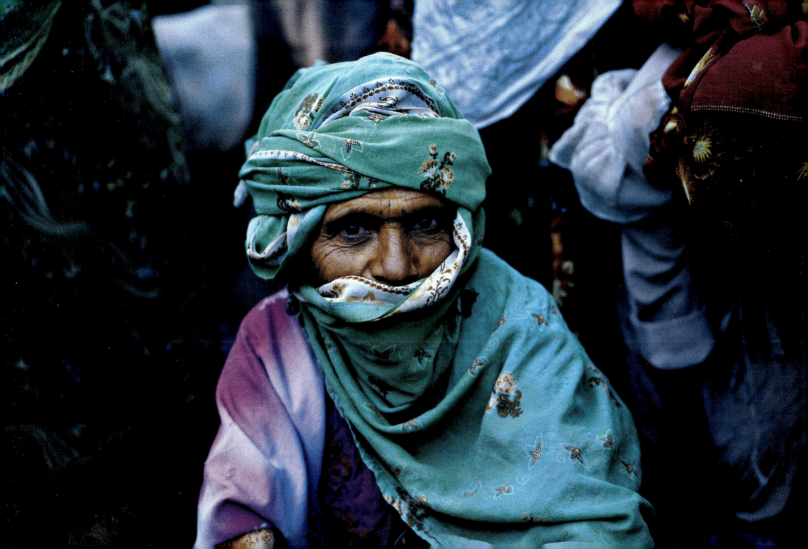

23. Januar

Richte dein Augenmerk auf deinen Tod, und du wirst jeden weiteren Atemzug als Geschenk empfinden.

Faouzi Skali

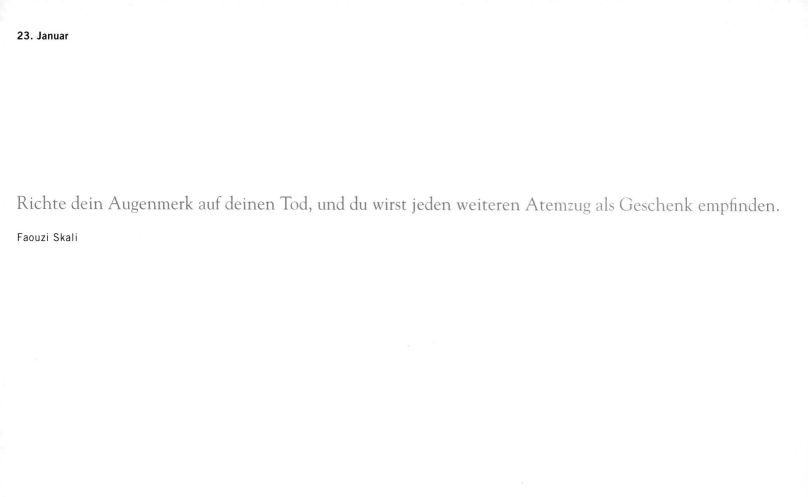

Der muslimische Friedhof am Ölberg gegenüber der Altstadt von Jerusalem und dem Felsendom

24. Januar

In der Sinnenwelt gibt es einen Ausgangspunkt zur geistigen Welt. Wenn diese beiden Welten nicht miteinander verbunden wären und sich nicht entsprächen, gäbe es keinen Aufstieg. al-Ghazâlî

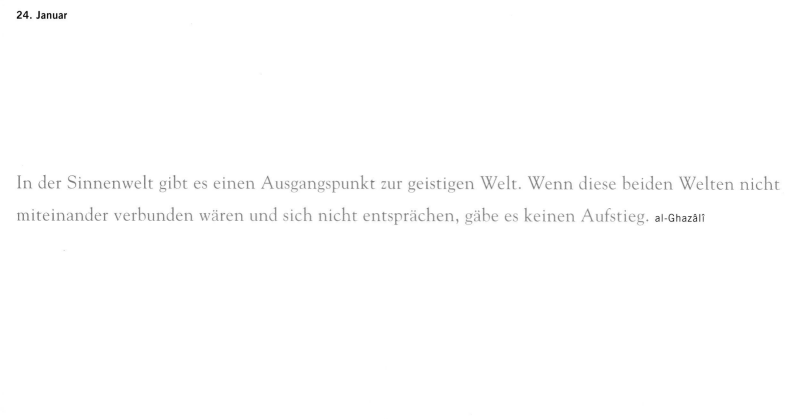

Ein junger Toubou musiziert im Ennedi-Massiv. Tschad

25. Januar

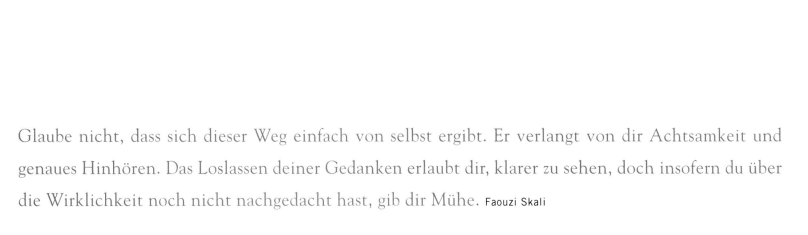

Glaube nicht, dass sich dieser Weg einfach von selbst ergibt. Er verlangt von dir Achtsamkeit und genaues Hinhören. Das Loslassen deiner Gedanken erlaubt dir, klarer zu sehen, doch insofern du über die Wirklichkeit noch nicht nachgedacht hast, gib dir Mühe. Faouzi Skali

Der Freitagsmarkt von Beit Al Faqih ist einer der wichtigsten Märkte des Jemen.

26. Januar

– Und welchem Weisheitspfad folgst du?

– Ich bin Astronom.

Dann legte er die Hand aufs Herz und sagte:

– Hier drin beobachte ich alle Sonnen, Monde und Sterne.

Khalil Gibran

Sonnenuntergang im marokkanischen Teil des Atlasgebirges

27. Januar

Die Rose ist ein geheimer baumbestandener Garten.

Hundert Rosen sind vergleichbar.

Eine ist einmalig.

Dschalal ad-Din ar-Rumi

Eine junge tadschikische Hirtin auf dem Chichiklik-Plateau zwischen China, Afghanistan und Pakistan, im Herzen Zentralasiens
FOLGENDE DOPPELSEITE: Essaouira diente mehrere Jahrhunderte als Vorposten auf der Route von den Kapverdischen Inseln nach Ecuador. Marokko

28. Januar

Suche genau dort nach der Antwort, wo sich die Frage gestellt hat. Dschalal ad-Din ar-Rumi

29. Januar

Jeder Baum, jeder Grashalm tanzt in der Steppe.

Aber in den Augen des Gewöhnlichen stehen sie still und regungslos.

Dschalal ad-Din ar-Rumi

Am Ufer des Sees Um al Ma in der Sahara bei Ubari, der letzten Oase im Wadi Adjal, Libyen

30. Januar

Siehe, ich starb als Stein und ging als Pflanze auf,
starb als Pflanze, nahm darauf als Tier den Lauf,
starb als Tier und ward' ein Mensch. Was fürcht' ich dann,
da durch Sterben ich nicht minder werden kann?
Und dann, wenn ich werd' als Mensch gestorben sein,
wird ein Engelsflügel mir erworben sein,
und als Engel muß ich sein geopfert auch,
werden, was ich nicht begreif': ein Gotteshauch.

Dschalal ad-Din ar-Rumi

Die fünfjährige Fatima in Ghadames, Libyen

31. Januar

Wenn ihr auf eure Felder und in eure Gärten geht, seht ihr,
dass es der Biene ein Vergnügen ist, Blütennektar zu sammeln,
und auch der Blume ist es ein Vergnügen, der Biene ihren Nektar zu spenden.
Denn die Blume ist Lebensquell für die Biene,
und die Biene ist Liebesbote für die Blume,
Und beiden, der Biene und der Blume, ist es ein Bedürfnis und eine Freude,
sich gegenseitig ein Vergnügen zu bereiten.

Khalil Gibran

In den grünen Bergen Kirgisien, im Herzen Zentralasiens

1. Februar

Schau dir die Wolke an, wie sie weint. Schau dir den lachenden Garten an. Dschalal ad-Din ar-Rumi

Der See Um el Ma in der Sahara bei Ubari, der letzten Oase im Wadi Adjal, Libyen

2. Februar

Freude besingt die Freiheit, ist aber keine Freiheit. Es ist die Blüte eurer Wünsche, aber nicht deren Frucht. Es ist ein Abgrund, der zum Gipfel hinaufruft, aber es ist weder die Tiefe noch die Höhe, es ist das Eingesperrte, das sich Flügel leiht, aber es ist nicht die umfassende Weite. Ja, wahrhaftig, Freude besingt die Freiheit. Und ich habe gerne, wenn ihr von ganzem Herzen singt; möchte aber nicht, dass ihr euch im Gesang verliert. Khalil Gibran

Tanz auf dem Id-Kah-Masjid-Platz zum Klang zweier Trommeln und Oboen, die von dem Minarett der Moschee in Kaschgar während des Opferfests Kurban Bayrami erklingen

3. Februar

Obwohl die Wahrheit unseren Augen verborgen ist, wandelt sie in der Welt.
Gib acht, dass du nicht ihre Existenz verneinst, nur weil sie unsichtbar ist.

Dschalal ad-Din ar-Rumi

Drei Alte aus Zabid im Schatten unter dem Portalvorbau der Moschee, Jemen

4. Februar

Wer von euch fühlt nicht, dass die Kraft seiner Liebe grenzenlos ist?

Khalil Gibran

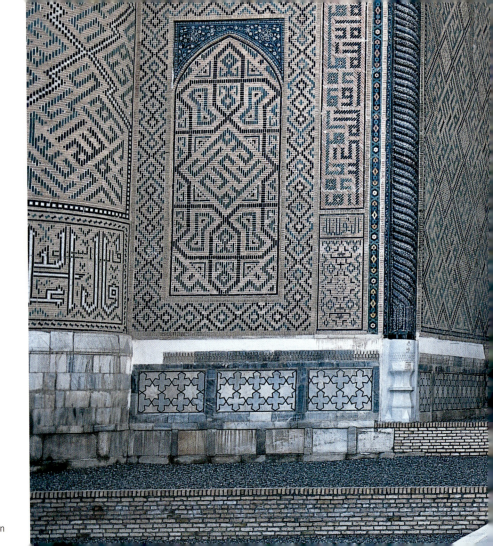

In Bukhara, einer der sieben heiligen Städte des Islam in Usbekistan

5. Februar

Der Wind säuselt nicht süßer zu den riesigen Eichen als zum winzigsten Grashalm. Khalil Gibran

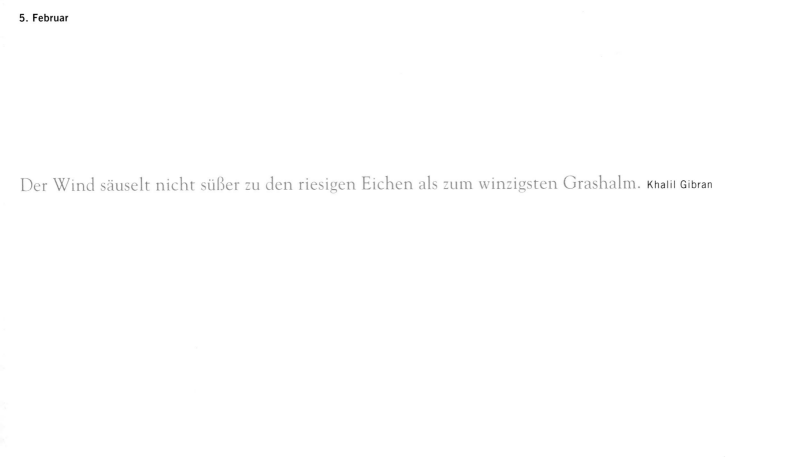

Traditionelles Haus in Ghadames, Libyen

6. Februar

Es gibt nichts, wonach der Mensch nicht forschen würde: Er erkundet die Berge und Hügel, sucht herauszufinden, was sich in und über dem Meer und in den entlegensten Wüsten befindet. Dennoch gibt es etwas, das der Mensch vernachlässigt und nicht ergründet: die Göttlichkeit, die in ihm ist.

Rabbi Zadok HoCohen von Lublin

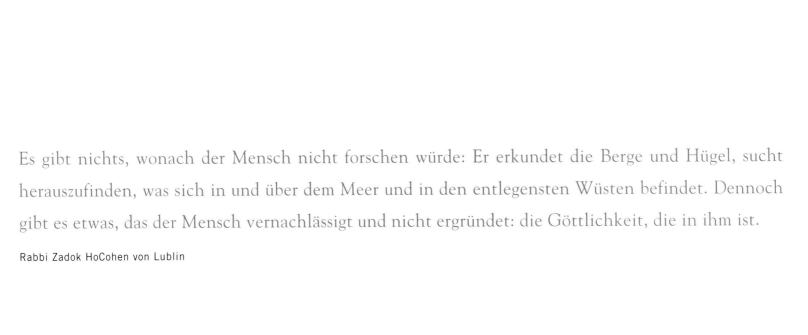

Die achtjährige Uisam Ali in Ghadames, Libyen

7. Februar

Die Welt des Himmelreiches ist unsichtbar und den meisten Menschen verborgen, die Sinnenwelt wiederum ist unmittelbar wahrnehmbar, deshalb kennen sie alle. al-Ghazâlî

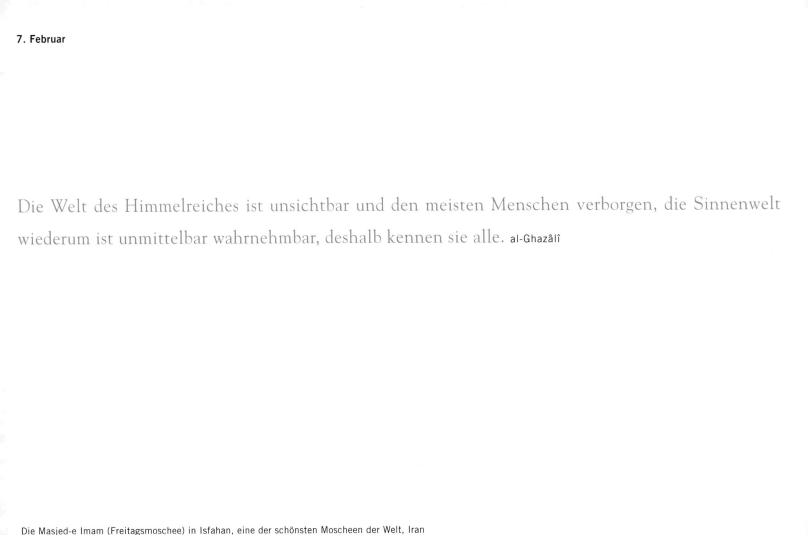

Die Masjed-e Imam (Freitagsmoschee) in Isfahan, eine der schönsten Moscheen der Welt, Iran

8. Februar

Eine Handvoll sagt: »Ich war alt.«

Eine andere Handvoll sagt: »Ich war jung.«

Und wieder eine andere Handvoll Staub sagt zu dir: »Hab acht, ich war jemand, der selbst wieder der Sohn von jemand gewesen ist.«

Du bist verdutzt, und plötzlich ergreift dich die Liebe,

die dir sagt: »Komm näher, ich bin es, das ewig Lebendige.«

Dschalal ad-Din ar-Rumi

In der Altstadt von Jerusalem

9. Februar

Heiligt euren Mund durch das Gebet und das Studium. Heiligt eure Nasenlöcher durch den langen Atem der Geduld. Heiligt eure Ohren durch das Hören weiser Reden. Heiligt eure Augen, indem ihr sie vor negativen Ansichten verschließt. Rabbi Nachman von Bratslav

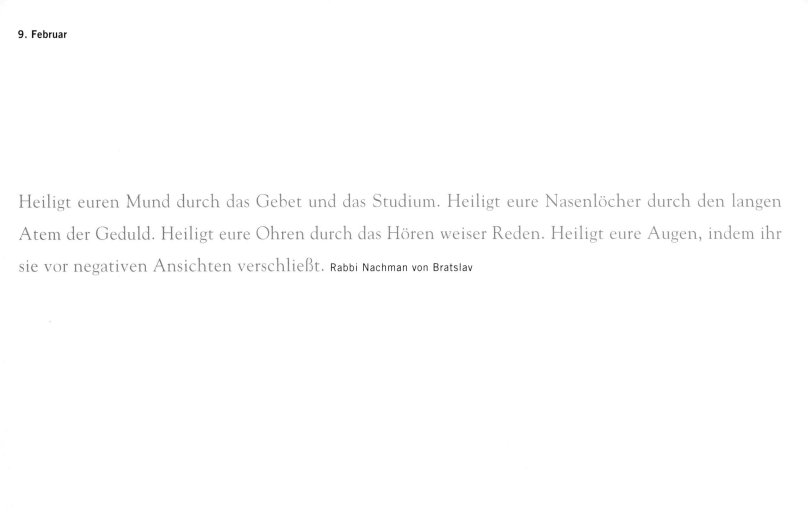

Die Madrasa Ben-Youssef, eine alte Koranschule, liegt inmitten der Altstadt von Marrakesch. Marokko

10. Februar

Nur dort, wo sich die Liebe des Herzens bemächtigt hat, ist die Sprache der geheimen Blicke bekannt.

Faouzi Skali

Begegnung mit Kindern aus einem armen Dorf, das von der Herstellung von Holzkohle lebt, in der Nähe von Taiz, Jemen

11. Februar

Träume, als würdest du ewig leben.

Lebe, als würdest du heute sterben.

Altes Sprichwort, Ibn al-Arabî zugeschrieben

Der Isistempel von Philae wurde im Zuge der Baumaßnahmen des Assuanstaudamms vollständig auf diese Insel versetzt. Ägypten

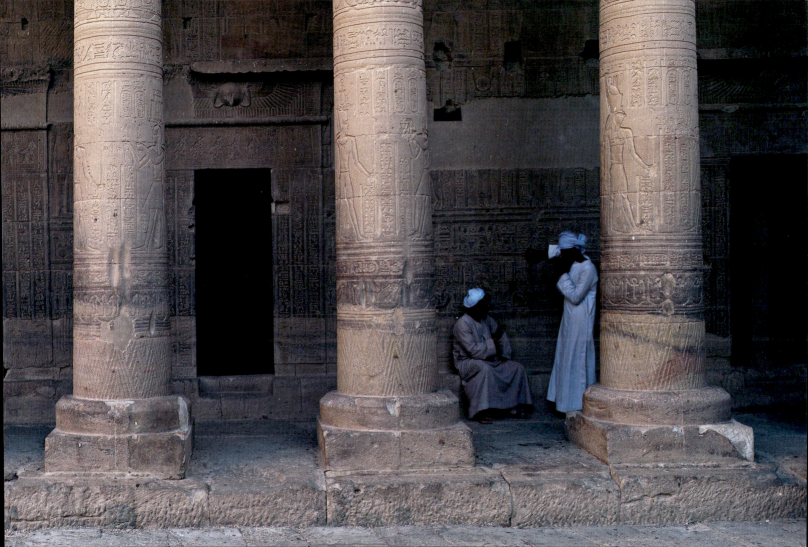

12. Februar

Oft vor dir und mir hienieden ward es Tag und wieder Nacht,
Keine Dauer gönnt die Erde ihren Töchtern, ihren Söhnen,
Drum, wenn deines Fußes Sohle diesen Staub berührt, hab acht!
Sicher war er einst das Auge einer jugendlichen Schönen.

Omar Khayyam

Die abgeschieden im Himalaja gelegenen, friedlichen Täler der Hunzakut bewahrten jahrhundertelang ihre Ursprünglichkeit. Pakistan

13. Februar

Von außen betrachtet, wächst die Frucht aus einem Ast; doch in Wirklichkeit ist ein Ast entstanden, damit eine Frucht wächst. Hätte der Gärtner ohne Verlangen nach einer Frucht und ohne Hoffnung auf sie den Setzling gepflanzt? Dschalal ad-Din ar-Rumi

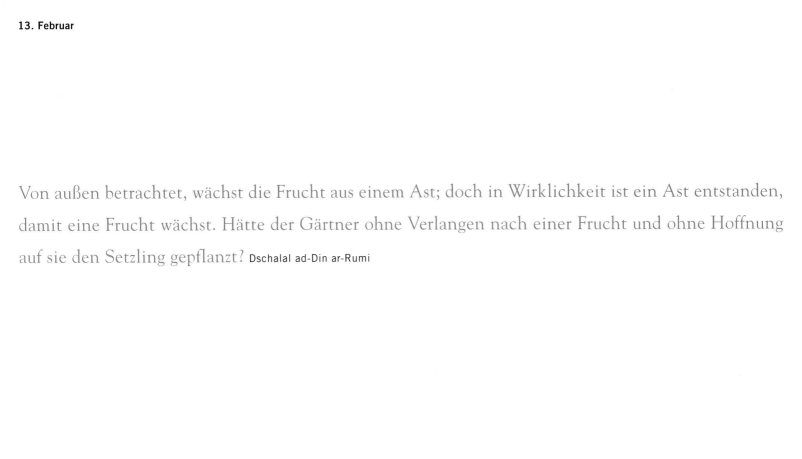

Bewässerte Gärten im Berberland im Palmenhain von Ghadames, der »Perle der Wüste«, Libyen

14. Februar

Ohne die Leidenschaft würden die Menschen nicht überleben. Kein Mensch würde ein Haus bauen, keiner einen Baum pflanzen und keiner heiraten. Baal Schem Tov

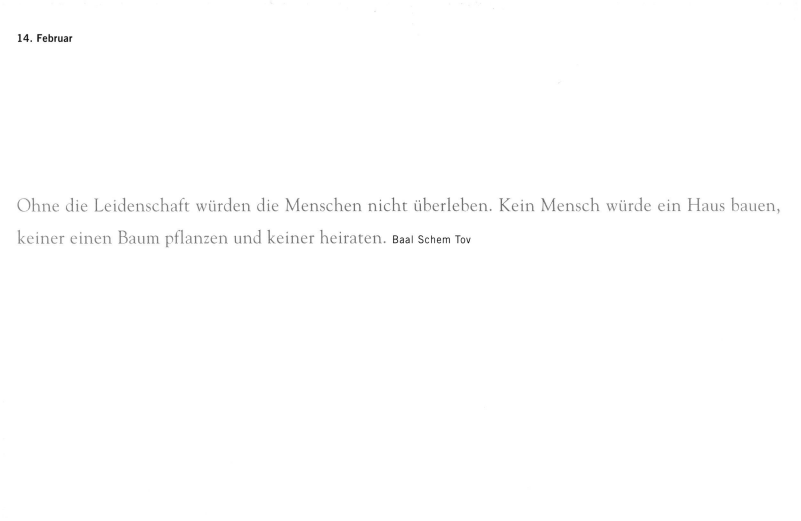

Zwei Kunststudenten in der Chahar Bagh Madrasa (Koranschule) in Isfahan, Iran

15. Februar

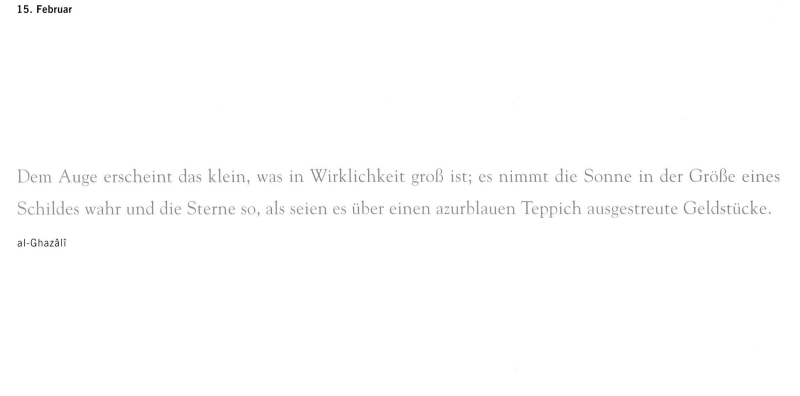

Dem Auge erscheint das klein, was in Wirklichkeit groß ist; es nimmt die Sonne in der Größe eines Schildes wahr und die Sterne so, als seien es über einen azurblauen Teppich ausgestreute Geldstücke.

al-Ghazâlî

Der Palmenhain von Ghadames, Libyen

16. Februar

Wisse, die Seele ist die Quelle, und alle erschaffenen Dinge sind die Bäche.
Solange es die Quelle gibt, fließen die Bäche.

Dschalal ad-Din ar-Rumi

Mantra, die Tochter von Mehdi und Mah, unterwegs in Isfahan, Iran

17. Februar

Niemand kann euch etwas zeigen, was euch nicht selbst schon nahezu klar geworden ist. Khalil Gibran

Die alte Stadt Petra, zwischen dem Toten Meer und dem Roten Meer gelegen, bestand aus Höhlenwohnungen und wurde im 6. Jahrhundert v. Chr. durch die Karawanen wohlhabend, die Weihrauch und Gewürze zwischen Ägypten, Syrien, Südarabien und dem Mittelmeer transportierten. Jordanien
FOLGENDE DOPPELSEITE: Zwei Tuareg unterhalten sich vor dem Dromedarwettrennen während des Festivals in Ghat. Libyen

18. Februar

Auf einen Freund ist Verlass, er begleitet euch ein ganzes Leben.

Heute ist es ein Segen, morgen eine Kostbarkeit. Beduinenweisheit

19. Februar

Im Verlangen nach Geistesgröße liegt eure Güte: Und dieses Verlangen ist in jedem von euch. Doch in einigen ist dieses Verlangen ein reißender Fluss, der mit den Geheimnissen der Abhänge und den Liedern der Wälder gewaltig ins Meer stürzt.
Und in anderen ist es ein breiter Strom, der sich in Schlaufen und Windungen verliert und aufhält, bevor er die Küste erreicht.

Khalil Gibran

In den grünen Bergen Kirgisien, im Herzen Zentralasiens

20. Februar

Wer wohnt denn im Grunde
meines Herzens?
Ich bin die Ruhe selbst,
und sie ist der Sturm.

Hafis

Die 30-jährige Nasim auf dem Sonntagsmarkt im Wadi Tabab, Jemen

21. Februar

Wenn der Wind durch die Weide weht und sie tanzen lässt,
Gott weiß, worüber sie sich mit dem Wind unterhält!

Dschalal ad-Din ar-Rumi

Sandsturm im Palmenhain von Ghadames, einem ehemaligen Hauptknotenpunkt des Transsahara-Handels, Libyen

22. Februar

Was bist du für ein Fisch, der das Wasser scheut? Dschalal ad-Din ar-Rumi

Friedlicher Spaziergänger bei Sonnenuntergang an der Atlantikküste, Marokko

23. Februar

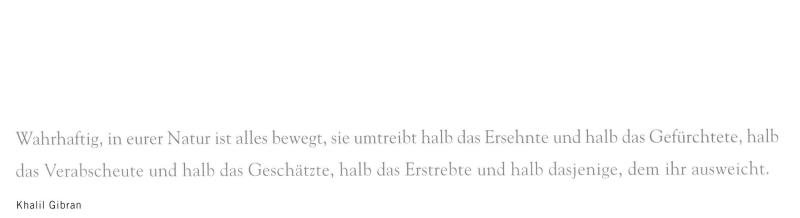

Wahrhaftig, in eurer Natur ist alles bewegt, sie umtreibt halb das Ersehnte und halb das Gefürchtete, halb das Verabscheute und halb das Geschätzte, halb das Erstrebte und halb dasjenige, dem ihr ausweicht.

Khalil Gibran

Die 14-jährige Lailah während des traditionellen Festivals in Ghadames, Libyen

24. Februar

Weisheit gleicht einer Gratwanderung – der Weg ist schmal, und rechts und links droht der Abgrund des Extremismus. Amin Maalouf

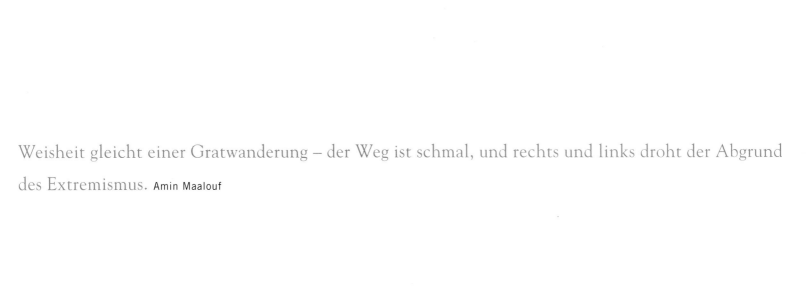

In der Sahara bei Ubari, Libyen

25. Februar

Besser wäre es zu sagen: Gewiss, das ist eine Wirklichkeit, aber die letzte Wirklichkeit werde ich nie fassen können. Cheikh Khaled Bentounès

Mosaiken im Felsendom, der drittheiligsten Stätte des Islam in der Altstadt von Jerusalem

26. Februar

Der Weg, der dich vom Garten deiner Sehnsucht trennt,
mein Freund, liegt einzig und allein in dir.
Er ist nicht länger und nicht kürzer, als du dich von dir selbst entfernt hast.

Faouzi Skali

Eines der Seitenportale, die in den Gebetsraum der Yeni Camii (Neue Moschee) in Istanbul führen, Türkei

27. Februar

Mit jedem Atemzug, den du machst, erneuert sich dein Leben, das für dich Licht oder Finsternis ist.

Faouzi Skali

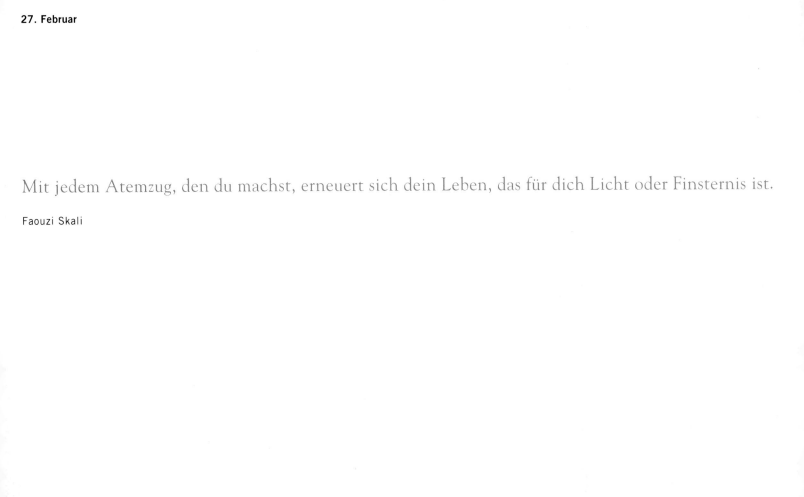

Gaotah, eine 16-jährige Targia, in Ghadames, Libyen

28. Februar

Und was bedeutet aufhören zu atmen anderes, als den Atem von seinen rastlosen Gezeiten zu befreien, so dass er aufsteigen, sich ausdehnen und Gott ungestört suchen kann? Khalil Gibran

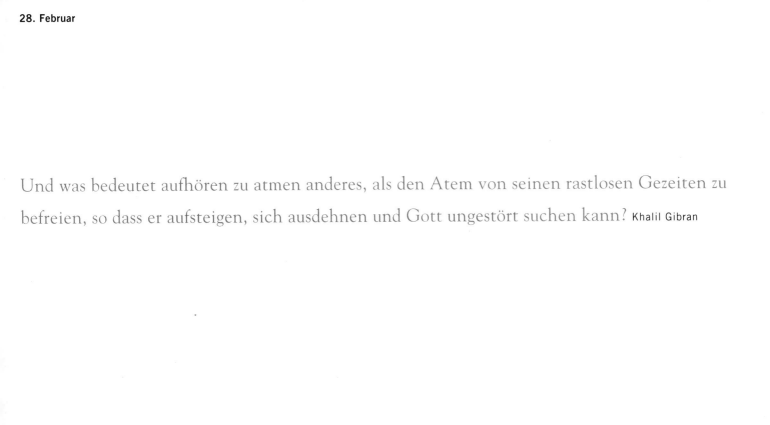

Einer der Festungstürme, die Stadt und Hafen von Essaouira an der Atlantikküste schützten, Marokko

1. März

Alles auf der Welt – seien es Ereignisse oder Personen – stellt dich vor die Wahl. Wähle mit Bedacht.

Rabbi Nachman von Bratslav

Auslage eines Tee- und Teigwarenhändlers im Souk von Sanaa, Jemen

2. März

Der Mangel an Aufrichtigkeit, o Freund, macht aus dir einen Schatten. Du lebst nur noch für eine Vorstellung von dir selbst. Was für ein seltsames Aufhebens ein Mensch um seinen Schatten macht! Blicke zur Sonne des Seins empor, und begreife die Ursache der Wahrheit und des Irrtums. Bleibe nicht in weltlichen Ansichten befangen. Faouzi Skali

An der Stadtmauer der Medina, der Altstadt von Marrakesch, Marokko

3. März

Vergesst niemals: Euch sind nie Prüfungen auferlegt, die ihr nicht meistern könntet. Rabbi Nachman von Bratslav

Ein Dorfbewohner aus Chagcharan bringt seine Heuernte zum Markt. Afghanistan

4. März

Würfle nicht vergeblich auf dieser zeitlichen Ebene;
hüte dich vor dem Gegner, welcher der Meister des Spiels ist.

Dschalal ad-Din ar-Rumi

Das Theater von Leptis Magna, eine der größten Metropolen des Römischen Reichs, Libyen

5. März

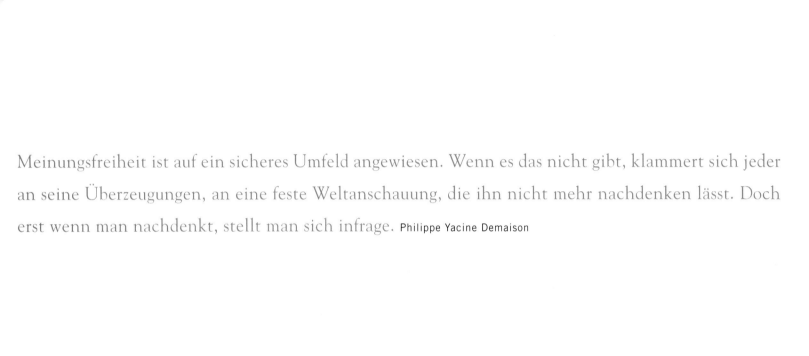

Meinungsfreiheit ist auf ein sicheres Umfeld angewiesen. Wenn es das nicht gibt, klammert sich jeder an seine Überzeugungen, an eine feste Weltanschauung, die ihn nicht mehr nachdenken lässt. Doch erst wenn man nachdenkt, stellt man sich infrage. Philippe Yacine Demaison

Der 90-jährige Mohammed Al-Sakary in der Altstadt von Sanaa, Jemen

6. März

Leider hält sich der Mensch nach wie vor an seiner Individualität fest. Er hat Angst, in der Erkenntnis des anderen aufzugehen, sich in ihm wiederzuerkennen und widerzuspiegeln. Cheikh Khaled Bentounès

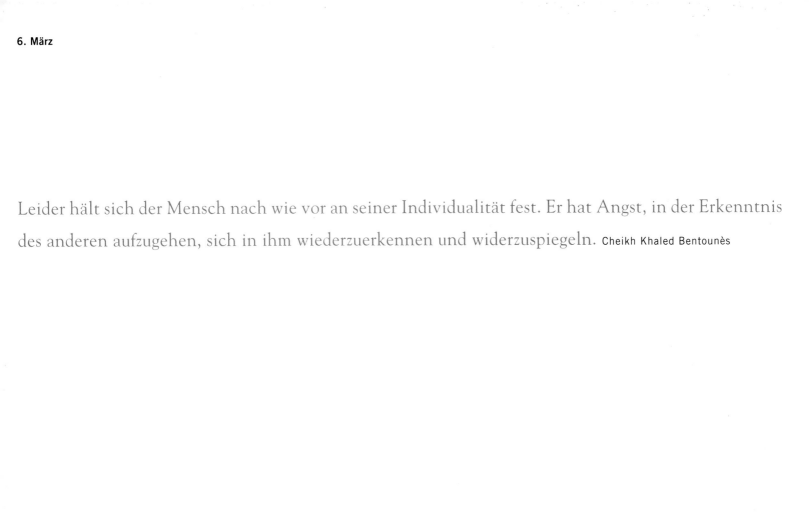

In einem traditionellen Haus in Zabid, das als Drehort für den Film *Erotische Geschichten aus 1001 Nacht* von Pier Paolo Pasolini diente, Jemen

7. März

Zwischenmenschliche Beziehungen können nur eine Regel haben: umfassende Liebe. Rabbi Ben Asai

Die elfjährige Raviah Oman während des jährlichen Festivals in Ghadames, auf dem die Berber- und Tuaregfamilien ihre Traditionen wieder aufleben lassen, Libyen

8. März

Der Wein des Verstandes befreit dich von deinen Lasten. Wie ein seinem Käfig entflohener Vogel wirst du vom freien Flügelschlag deiner Seele trunken. Faouzi Skali

Im Hafen von Essaouira erwarten die Möwen die Rückkehr der Fischer. Marokko

9. März

Ein wahrhaft wunderbarer Wandel wäre es, wenn sich die Grenzen deiner Welt verwischen würden und dir das Jenseits plötzlich näher läge als du dir selbst. Faouzi Skali

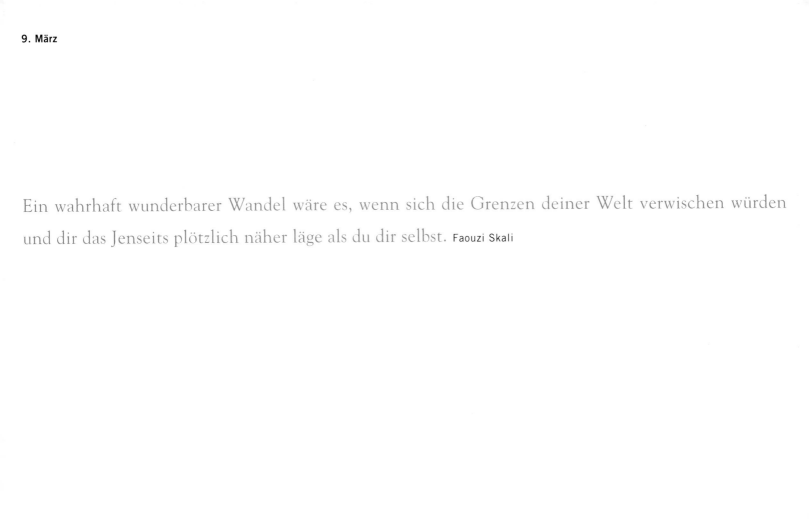

Viele Tuareg haben das Nomadenleben aufgegeben, um sich in großen Städten am Rand der Sahara niederzulassen. Libyen

10. März

Belaste deine Seele nicht mit illusorischen Ängsten, und schöpfe aus dem Alltag die Kraft der Gewissheiten.

Ahmad Mohammed Rami

Eine Mutter mit ihren drei Töchtern in einer kasachischen Jurte, in den Tälern des Hohen Altai, Mongolei
FOLGENDE DOPPELSEITE: Gewitterhimmel im marokkanischen Teil des Atlasgebirges

11. März

Ach könntet ihr vom Duft der Erde leben und durch Licht bei Kräften gehalten werden wie eine Luftpflanze. Khalil Gibran

12. März

Ach Liebste, wenn du wüsstest, wie mir zumute war, bevor ich dich traf! Ich wollte mich an nichts erinnern und konnte mich auf nichts freuen. Morsi Gamil Aziz

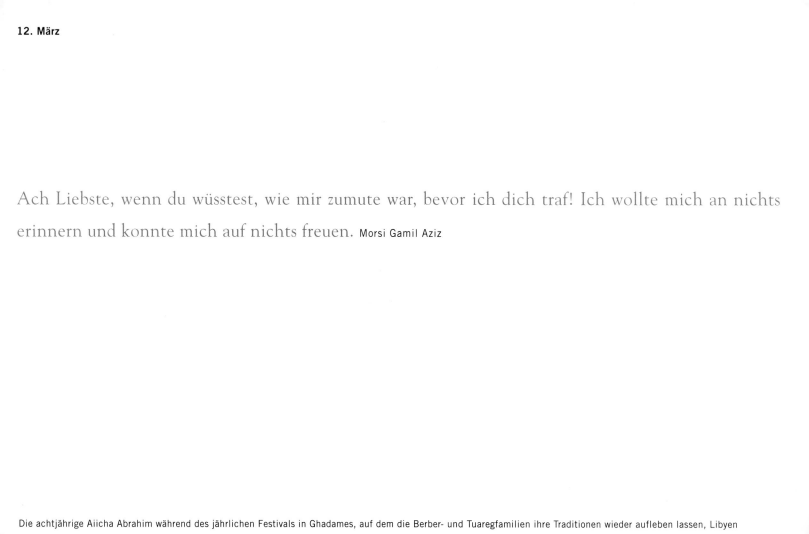

Die achtjährige Aiicha Abrahim während des jährlichen Festivals in Ghadames, auf dem die Berber- und Tuaregfamilien ihre Traditionen wieder aufleben lassen, Libyen

13. März

Nichts fesselt mehr als Illusionen. Faouzi Skali

Tagesanbruch am Fischerhafen von Essaouira an der marokkanischen Atlantikküste

14. März

Richte dein Augenmerk auf deine Fehler, und sie werden sich korrigieren lassen. Faouzi Skali

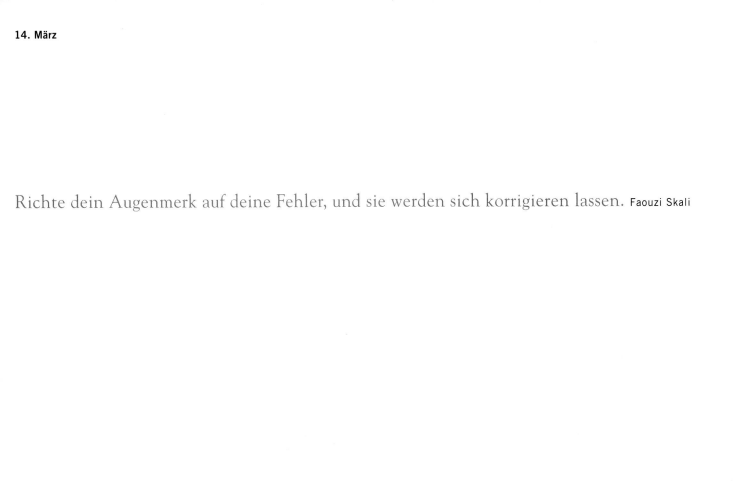

Die Madrasa Ben-Youssef, im Herzen der Medina von Marrakesch, Marokko

15. März

Die Angst, die ihr vertreiben möchtet, liegt in eurem Herzen, nicht im Gefürchteten. Khalil Gibran

Im Innern des koptischen Klosters Deir Amba Bishoi, Ägypten

16. März

Es gilt, den von euch geschaffenen Dingen etwas von eurem Geist einzuhauchen. Khalil Gibran

Frauen weben auf dem Festival in Ghadames und lassen ihre Traditionen wieder aufleben. Libyen

17. März

Deine Schleier, o Freund, sind die Gewohnheiten, in die du dich unentwegt einhüllst. Das Unbekannte macht dir Angst, und du bist ständig mit dem Ausbessern von Rissen beschäftigt. Faouzi Skali

Dromedare kommen zum Trinken in die Guelta Archaï im Süden der Sahara, Tschad

Die vollständig verschleierten Bäuerinnen aus Hadramaut tragen die typischen konischen Strohhüte, Jemen

18. März

Wer ist reich? Derjenige, der sich mit dem zufriedengibt, was er hat!

Rabbi Ben Zoma

19. März

Jauchze vor Daseinsfreude, und du wirst lauter Jauchzer vernehmen. Sprichwort der Tuareg

Gebet in der Wüste, Libyen

20. März

Eure Freude ist euer entlarvtes Leid. Und derselbe Quell, aus dem euer Lachen hervorsprudelt, ist schon oft von euren Tränen gespeist worden. Khalil Gibran

Die zehnjährige Fatima in der Altstadt von Ibb, Jemen

21. März

In der Frühe begrüße ich die zwitschernden Vögel. Dann antworten mir die Turteltauben und die Grünfinken und stimmen in mein Lied mit ein. Beram Et-Tunsi

Die friedlichen Täler der Hunzakut im Himalaja, Pakistan

22. März

Man kennt nur Dinge, deren Gegenteil man erfahren hat. Du kannst niemals aufrichtig werden, solange du dir weder deine Verstellungen eingestanden noch dich dazu entschieden hast, gegen sie anzugehen. Cheikh Khaled Bentounès zitiert Abu Uthman al-Maghribi!

In den Zellen der Speicherburg von Nalut lagern Getreide, Ölkrüge und verschiedene Ackergeräte der Familien des Dorfes, Libyen

Die 80-jährige Quartala auf dem Sonntagsmarkt im Wadi Dhabab, Jemen

Je tiefgründiger ihr das Leid in euch erfahrt, desto größere Freude könnt ihr haben. Khalil Gibran

23. März

Ständig in der Opferrolle zu verharren ist verheerender als die Aggression selbst. Das trifft übrigens auf Gesellschaften ebenso zu wie auf Individuen. Man verkriecht sich, verbarrikadiert sich, verteidigt sich, schließt sich aus, grübelt, sucht nicht mehr, erforscht nichts mehr, man tritt auf der Stelle, fürchtet sich vor der Zukunft, der Gegenwart und vor den anderen. Amin Maalouf

24. März

Im Ennedi-Massiv im Süden der Sahara, Tschad
FOLGENDE DOPPELSEITE: Junger Brotladenverkäufer an der Stadtmauer von Registan in Samarkand, Usbekistan

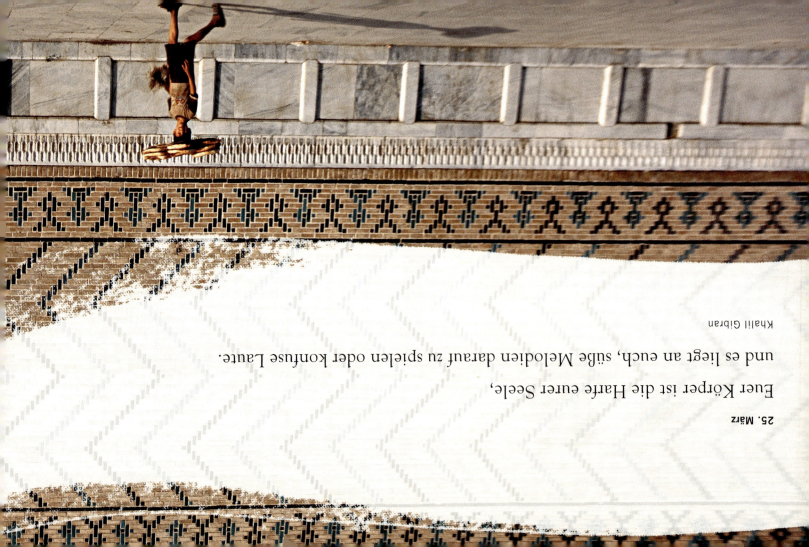

25. März

Euer Körper ist die Harfe eurer Seele,
und es liegt an euch, süße Melodien darauf zu spielen oder konfuse Laute.

Khalil Gibran

26. März

Kein Atemzug lässt sich ersetzen, weder die vergangenen noch die zukünftigen, die ihre eigene innere Notwendigkeit haben. Faouzi Skali

Junge tadschikische Hirtin zwischen China, Afghanistan und Pakistan

27. März

Und wenn ihr einen Apfel mit den Zähnen zermalmt, sagt in eurem Herzen zu ihm:

»Deine Samen werden in meinem Körper fortleben,

Und die Knospen deines Morgens sollen in meinem Herzen blühen,

Und dein Duft wird mein Atem sein,

Und zusammen werden wir uns der Jahreszeiten erfreuen.«

Khalil Gibran

Die Bewohner des Hunzatals im Himalaja sind für ihre hohe Lebenserwartung berühmt, die teilweise auf ihre Ernährungsweise zurückgeführt wird. Pakistan

28. März

Die Sonne scheint geteilt durch die Öffnungen des Hauses. Wenn die Öffnungen geschlossen sind, verschwindet die Vielfalt. Dschalal ad-Din ar-Rumi

Am Ufer des Nils bieten die schattigen Höfe der nubischen Häuser Schutz vor der großen Hitze. Ägypten

29. März

Ihr sollt durch den Austausch der irdischen Gaben Wohlstand und Zufriedenheit finden, aber solange der Austausch nicht in Liebe und wohlwollender Gerechtigkeit stattfindet, wird er nur die einen zur Gier und die anderen zum Hunger führen. Khalil Gibran

Am Ufer des Sees Um al Ma in der Sahara bei Ubari, der letzten Oase im Wadi Adjal, Libyen

Die 19-jährige Ticha in Ghadames, Libyen

Ahmad Mohammed Rami, gesungen von Umm Kulthum

Dein Lächeln macht zwei Herzen hoffnungsfroh.

Deine Nähe versetzt mich ins Paradies, deine Blicke sind Magie und Balsam für meine Seele.

30. März

31. März

Und lasst euren Tisch einen Altar sein, auf dem das Reine und Unschuldige des Waldes und des Feldes geopfert wird für das, was noch reiner und unschuldiger im Menschen ist. Khalil Gibran

Empfangsessen in Buchara, Usbekistan
FOLGENDE DOPPELSEITE: Auf dem Weg in die uigurische Stadt Kaschgar in China verrichtet ein Bauer sein Gebet.

1. April

Wo befindet sich Gott? Überall dort, wo man ihn hereinlässt. Rabbi Menachem Mendel

2. April

Man sagt, als ich geboren, hat die Mutter die Brust zu nehmen zärtlich mich gelehrt, und jede Nacht an meiner Wiege sitzend wachend sie das Schlafen mich gelehrt. Sie legte lächelnd ihren Mund auf meinen, die Knospe hat zu öffnen sie gelehrt, nahm meine Hand und setzte Fuß vor Fuß mir, bis sie die Kunst des Gehens mich gelehrt. Ein Ton, zwei Töne, legte sie die Worte mir in den Mund, hat sprechen mich gelehrt. Drum ist mein Dasein Teil von ihrem Dasein – solang' ich leb', ist sie mir lieb und wert. Iradj Mirza

Ein auf dem Schoß seiner Mutter eingeschlafenes Kind auf einem Gehweg in Istanbul, Türkei

3. April

Und wenn ich prophetisch reden könnte

und alle Geheimnisse wüsste

und alle Erkenntnis hätte,

wenn ich alle Glaubenskraft besäße

und Berge damit versetzen könnte,

hätte aber die Liebe nicht,

wäre ich nichts.

1 Korinther 13,2

Einzelne Dattelpalme in der Sahara bei Ubari, Libyen

4. April

Der Segen, der auf einem Haus liegt, kommt von der Frau. Der Talmud

Die 27-jährige nubische Mutter Fatima Ebayd Mohamed im Hof ihres Hauses am Nilufer, Ägypten

5. April

Liebste, ich bin für dich geschaffen worden, nur für dich.

Mein Herz labt sich an deiner Zärtlichkeit, nur für dich.

O süßes Leben, o süße Träume! O welche Süße! Nur für dich.

Ahmad Shafiq Kamel

In einer kasachischen Jurte im Hohen Altai, Mongolei

6. April

Und welche Verdienste wären größer als der Mut und das Vertrauen, ja auch die Nächstenliebe, die im Empfangen liegen? Khalil Gibran

Ein Einwohner erzählt die Geschichte von Ghadames, einer der ältesten Oasenstädte der Sahara. Libyen

In der uigurischen Stadt Kaschgar in China

Ihr könnt ihnen eure Liebe geben, aber nicht eure Gedanken. Denn sie denken selbst. Khalil Gibran

7. April

Spielt mit ihnen sieben Jahre lang, erzieht sie sieben Jahre lang, und seid sieben Jahre lang ihr Freund.

Ausspruch des Propheten Muhammad

Während des dreitägigen Festivals in Ghadames besuchen die Jungen die Madrasa, die Koranschule in der Altstadt. Libyen

8. April

9. April

Was macht den Wert des Menschen aus? Das, wonach er sucht. Dschalal ad-Din ar-Rumi

Viele Städter aus Tripolis wollen in den Dünen von Ghadames die Wüste erleben. Libyen

10. April

So ist die Welt beschaffen: Jeder Mensch sollte zu geben und zu nehmen wissen. Wer das eine nicht genauso gut kann wie das andere, gleicht einem unfruchtbaren Baum. Yitzhak Eisik aus Zidatchov

In der Altstadt von Ibb, Jemen

11. April

Wie wertvoll ist ein Freund, dessen Anwesenheit dich erfreut und der in deiner Abwesenheit voll des Lobes über dich ist. Der Beleidigungen vergisst und der über Ungerechtigkeiten großzügig hinwegsieht. Welch ein Glück für den, der einen solchen Freund hat! Nomadenweisheit

Der beduinische Kameltreiber Nassir in Petra, Jordanien

Im Hafen von Hudaydah am Roten Meer erholt sich ein Fischer nach dem Fischfang, Jemen

Wenn ich es jetzt nicht tue, wann dann? Hillel der Ältere

12. April

13. April

Und vergesst nicht, wie gerne die Erde euch barfuß hat und wie sich der Wind danach sehnt, mit eurem Haar zu spielen. Khalil Gibran

Der See Um el Ma in der Sahara bei Ubari, der letzten Oase im Wadi Adjal, Libyen

14. April

Ich schenke dir, die mein Leben mit Liebe erfüllt hat, mein Leben. Ahmad Mohammed Rami

Die 27-jährige nubische Mutter Fatima Ebayd Mohamed mit ihrem erstgeborenen, vierjährigen Sohn Mohamed, Ägypten
FOLGENDE DOPPELSEITE: Der Naqsh-e-Jahan-Platz, einer der größten Plätze der Welt, und die Masjed-e-Imam-Moschee (Freitagsmoschee) in Isfahan, Iran

15. April

Wenn »ich« und »du« fehlen, weiß ich nicht, ob das da eine Moschee, eine Synagoge, eine Kirche oder ein Tempel ist. Mahmûd Shabestarî

16. April

Suche bei niemand anderem Zuflucht als bei dir selbst.
Das Heilmittel deiner Wunde ist diese Wunde selbst.

Dschalal ad-Din ar-Rumi

Die junge Christin Alexandra beim Gebet auf ihrer Osterpilgerreise in Jerusalem

17. April

Säßest du auf einer Wolke, würdest du weder die Grenzen der Länder noch die Gemarkungen der Felder sehen. Wie schade, dass du auf keiner Wolke sitzt. Khalil Gibran

Oase bei Dades, im marokkanischen Teil des Atlasgebirges

18. April

Eure Kinder gehören euch nicht.
Sie sind Söhne und Töchter des nach sich selbst verlangenden Lebens.
Sie kommen durch euch, aber nicht von euch.
Und obgleich sie bei euch weilen, sind sie nicht euer Eigentum.

Khalil Gibran

Freudiges Wiedersehen im Dorf Djebel Haraz, Jemen

Der Wassermelonenmarkt von Samarkand in Usbekistan

Ist nicht jede Tat und jede Betrachtung Religion? Khalil Gibran

19. April

Der große Widerspruch des Menschen ist, dass er die Vielfalt wünscht,
ohne deren Wirren hinnehmen zu wollen;
er möchte die Relativität mit ihrem Geschmack des Absoluten oder Unendlichen,
aber ohne die Härten des Schmerzes;
er sehnt sich nach der Weite,
aber nicht nach dem Begrenzten,
als könne es Ersteres ohne Letzteres geben
und als könne die reine Weite auf der Ebene der messbaren Dinge angetroffen werden.

Frithjof Schuon

21. April

Was nützt es der Welt, dass ich hergekommen?

Und wenn ich fortgehe, hat mir die Welt genützt? Ich weiß es nicht.

Mir ist noch nie zu Ohren gekommen,

warum ich sterben werde und warum ich hergekommen.

Omar Khayyam

Al Muthmar-Al Sofli ist ein typisches Bergdorf im Haraz-Gebirge. Jemen
FOLGENDE DOPPELSEITE: Eine Gruppe von Freunden nach dem Gemeinschaftsgebet am Ende des Ramadan in Essaouira, Marokko

22. April

Denn in der Freundschaft wird alles, aufkommende Gedanken, Sehnsüchte und Erwartungen, ohne Worte mitgeteilt, durch unausgesprochene Freude. Khalil Gibran

23. April

Alle Seelen sind eine; jede ist ein Funken aus der Urseele, und diese wohnt ihnen allen genauso inne, wie deine Seele allen Gliedern deines Leibes. Rabbi Schmelke von Nikolsburg

Nach dem Gemeinschaftsgebet am Ende des Ramadan strömt die Menge in Essaouira auseinander. Marokko

24. April

Ihr stellt euch den Aufstieg zu den Wolken vor und nennt das hoch; und ihr stellt euch die Überquerung des gewaltigen Ozeans vor und nennt das weit. Aber ich sage euch, dass ihr höher hinaufreicht, wenn ihr ein Samenkorn in die Erde legt, und dass ihr ein gewaltigeres Meer überquert, wenn ihr euren Nachbarn einen guten Morgen wünscht. Khalil Gibran

Blick auf die Stadt Sanaa, die als eine der bemerkenswertesten Stadtlandschaften der Welt zum Kulturerbe der UNESCO gehört, Jemen

25. April

Wenn ihr fröhlich seid, schaut tief in euer Herz, dann werdet ihr entdecken, dass ihr euch eigentlich über ein durchgestandenes Leid freut. Khalil Gibran

Begegnung mit Kindern eines armen Dorfes, das von der Holzkohleherstellung lebt, in der Nähe von Taiz, Jemen

26. April

Ich habe mich bei dir auf die Schwelle gesetzt, in der Hoffnung, dass Freundschaft herauskommt. Vielleicht wirst du die Tür öffnen und sagen: »Stehe auf, tritt ein.« Dschalal ad-Din ar-Rumi

Die 27-jährige nubische Mutter Fatima Ebayd Mohamed im Hof ihres Hauses am Nilufer, Ägypten

27. April

Um Gott zu erkennen, braucht ihr keine Geheimnisse zu entschlüsseln.

Schaut euch lieber um, und ihr werdet sehen, wie er am Spiel eurer Kinder teilnimmt.

Khalil Gibran

Der Freitagsmarkt von Beit Al-Faqih ist einer der meistbesuchten Märkte des Jemen.

28. April

Der erfüllte Mensch existiert stets und auf natürliche Weise in vollkommener Balance zwischen dem unendlich Kleinen und dem unendlich Großen, in anderen Worten zwischen Mikrokosmos und Makrokosmos. Cheikh Khaled Bentounès

Keramiken im Fingarten (Bagh-e Tarikhi-ye Fin) in Kashan, Iran
FOLGENDE DOPPELSEITE: Der See Um el Ma in der Sahara bei Ubari, der letzten Oase im Wadi Adjal, Libyen

29. April

Liebe ist die Verschmelzung von Himmel und Erde, von Vergangenheit und Zukunft, von Gesang und Tanz. Sie ist erfüllte Ganzheit. Khalil Gibran

30. April

Denk daran, dass du nicht allein auf der Welt bist. Du hängst von tausend Geschöpfen ab, die auf das Gewebe deines Lebens einwirken. Der Spiegel deines Herzens nimmt eine Vielzahl an Bildern auf. Deine Seele ist wie eine Feder im Wind. Aber du bist noch weit davon entfernt, dich so zu sehen, wie du bist. Faouzi Skali

Ein Palästinenser auf der Durchreise in der Altstadt von Jerusalem

1. Mai

Eine Hand öffnet sich, streckt die Finger aus

Und macht beim Erfassen der Welt nicht gleich eine Faust.

Die Finger bleiben ausgestreckt, hingegeben. Das ist Liebkosung.

Marc-Alain Ouaknin

Während des jährlichen Festivals in Ghadames lassen die Berber- und Tuaregfamilien ihre Traditionen wieder aufleben. Libyen

2. Mai

Du pflanzt in den schattigen Garten meiner Liebe die Hoffnung, die du begießt.

Alles, was dir lieb und teuer ist, liebe ich auch. Ahmad Mohammed Rami, gesungen von Umm Kulthum

Traditionelles Familienhaus von Beshir Younes in Ghadames, Libyen

3. Mai

Nun, ihre Augen sind nicht blind, nur die Herzen in ihrer Brust sind erblindet. Koran 22,47

Während des Festivals in Ghadames lassen die Berber- und Tuaregfamilien ihre Traditionen in der Wüste wieder aufleben. Libyen

4. Mai

Beten heißt mehr, als nur ein Gebet aufsagen. Es erfordert die höchste Anspannung des Herzens, der Muskeln und der Knochen, damit die Seele rein, das Bewusstsein ganz und gar von Vergebung erfüllt wird. Man muss sich gewissermaßen von jeder Materialität lösen und seine intellektuellen Fähigkeiten in höchstem Grade steigern. Die Worte kommen dann von selbst, als seien sie schon seit der Erschaffung der Welt in euch, als handele es sich um die letzte Stufe einer Entwicklung und als gehörten euch die Worte nicht. Man muss sich sammeln, bevor man sich dem Himmel zuwendet. Rabbi Hanina Ben Dosa

Ein Dorfbewohner auf dem Weg zum Brunnen, vertieft in sein Gebet, Marokko

5. Mai

Die Perlen der Wahrheit, o Freund, liegen in der Tiefe deiner Seele. Faouzi Skali

Der koptische Mönch Pater Luc Ambabul innerhalb der Umfriedung des abgeschiedenen Klosters des heiligen Paulus von Theben, Ägypten
FOLGENDE DOPPELSEITE: In Assuan dient der Nil noch immer dem Warentransport, auch wenn die Feluken hauptsächlich für den Tourismus eingesetzt werden.

6. Mai

Denn Leben und Tod sind eins, so wie der Fluss und das Meer eins sind.

Khalil Gibran

7. Mai

Hör in dir den süßen Strahl entspringen.

Lass dich von seinem Charme gefangen nehmen, lass dir offenbaren, was noch kein Ohr gehört, kein Auge gesehen, keine Vorstellung erfasst hat.

Faouzi Skali

Die zehnjährige Sanajadih in Ghadames, Libyen

8. Mai

Die Ketten der Welt bestehen nur in dir selbst. Nimm dich vor deinen eigenen Listen in acht, und der Dämon wird den Kampf aufgeben, mangels eines Verbündeten. Faouzi Skali

Der Freitagsmarkt von Beit Al-Faqih ist einer der wichtigsten Märkte des Jemen.

9. Mai

Ich habe in mir selbst eine zweite, verborgene Persönlichkeit entdeckt. Orhan Pamuk

Während des dreitägigen Festivals in Ghadames, Libyen

10. Mai

Wenn ihr schon die Zeit gedanklich in Jahreszeiten messen müsst, denkt bei jeder Jahreszeit alle anderen mit. Khalil Gibran

Die in Persien und der Türkei beheimatete Tulpe wurde im 18. Jahrhundert mit prächtigen Festen gefeiert. In Istanbul kommt sie regelmäßig jedes Frühjahr zu Ehren.

11. Mai

Möge diese Hand, worin der Verstand gestützt,

voll von Saatgut sein.

Edmond Jabès

Die vierjährige Hana, Enkelin von Ali Khalib, im Dorf Manakha, Jemen

12. Mai

Denn untätig zu sein heißt, sich den Jahreszeiten zu entfremden und aus dem Lauf des Lebens herauszutreten, das majestätisch und in leidenschaftlicher Ergebenheit auf das Unendliche zuschreitet.

Khalil Gibran

Fresko im Palais Dar M'Nebhi in Marrakesch, das in ein Museum für zeitgenössische Kunst umgewandelt wurde, Marokko

13. Mai

Tauche ein in den Ozean deines
Herzens, dort befindet sich das
Universum. Farid ud-Dîn Attar

Die Felswand von Tamlalt überragt das Wadi Dades, das
in das Kalkplateau des Hohen Atlas einschneidet. Marokko

14. Mai

Denn in eurer Natur wohnt nicht nur das göttliche Selbst.

Vieles in euch ist noch Mensch, und vieles in euch ist noch nicht Mensch.

Khalil Gibran

Blick auf die Stadt Sanaa, die als eine der bemerkenswertesten Stadtlandschaften der Welt zum Kulturerbe der UNESCO gehört, Jemen

15. Mai

Lausche, o Freund, dem Gesang, welcher tief in dir drin das Wesen der Schönheit ruft. Faouzi Skali

Dreitägiges Festival der Berber- und Tuaregfamilien, Libyen

16. Mai

Bevor ihr den Marktplatz verlasst, seht zu, dass niemand mit leeren Händen seines Weges geht. Denn der Große Geist der Erde gibt keine Ruhe, bis auch die Bedürfnisse des Geringsten unter euch befriedigt sind. Khalil Gibran

Der 1660 erbaute Ägyptische Basar in Istanbul bietet eine Überfülle an herrlich duftenden Gewürzen. Türkei

17. Mai

Richte dein Augenmerk auf deine Härte, und Er wird dich durch Sein Mitgefühl erweichen. Faouzi Skali

Die Fresken und Mosaiken in der Erlöserkirche des Choraklosters (Kariye Müzesi) in Istanbul gehören zu den schönsten aus byzantinischer Zeit. Türkei

18. Mai

Wenn wir bei jeder Handlung oder bei jedem Vorhaben, das wir planen, das Göttliche mit einbeziehen, öffnet sich uns eine allumfassende Perspektive, und keiner wird beeinträchtigt. Denn Gott ist allgegenwärtig, er wirkt im Menschen genauso wie im Tier, im Mond, in der Sonne, in allen Galaxien, in diesem wunderbaren und ausgewogenen Fluss, der das Leben ist. Cheikh Khaled Bentounès

Gläubiger im Gebet während des Opferfests Kurban Bayrami in der uigurischen Stadt Kaschgar, im Herzen Zentralasiens

19. Mai

Es gibt etwas Besseres als das Gute: den, der es tut. Arabisches Sprichwort

Der Souk von Sanaa ist einer der ältesten Märkte der Arabischen Halbinsel. Jemen
FOLGENDE DOPPELSEITE: Im Osten Kirgisiens markieren die Ketten des Tienschan-Gebirges die Grenze zu China.

20. Mai

Auch wenn Gott existiert, sollte sich der Mensch zunächst so verhalten, als gäbe es ihn nicht.

Rabbi Nachman von Bratslav

21. Mai

Ihr sagt oft: »Ich würde ja denen geben, die es verdienen.«

Die Bäume in eurem Obstgarten reden nicht so, und auch nicht die Herden auf euren Weiden.

Khalil Gibran

Wenn der Boden abgegrast ist, klettern die Ziegen gerne auf Arganbäume, um an den Blättern zu knabbern. Marokko

22. Mai

Ein einziges gutes Wort kann dich einen ganzen Winter lang warm halten. Arabisches Sprichwort

Der 13-jährige Talhr, ein junger Fischer in Hudaydah am Roten Meer, Jemen

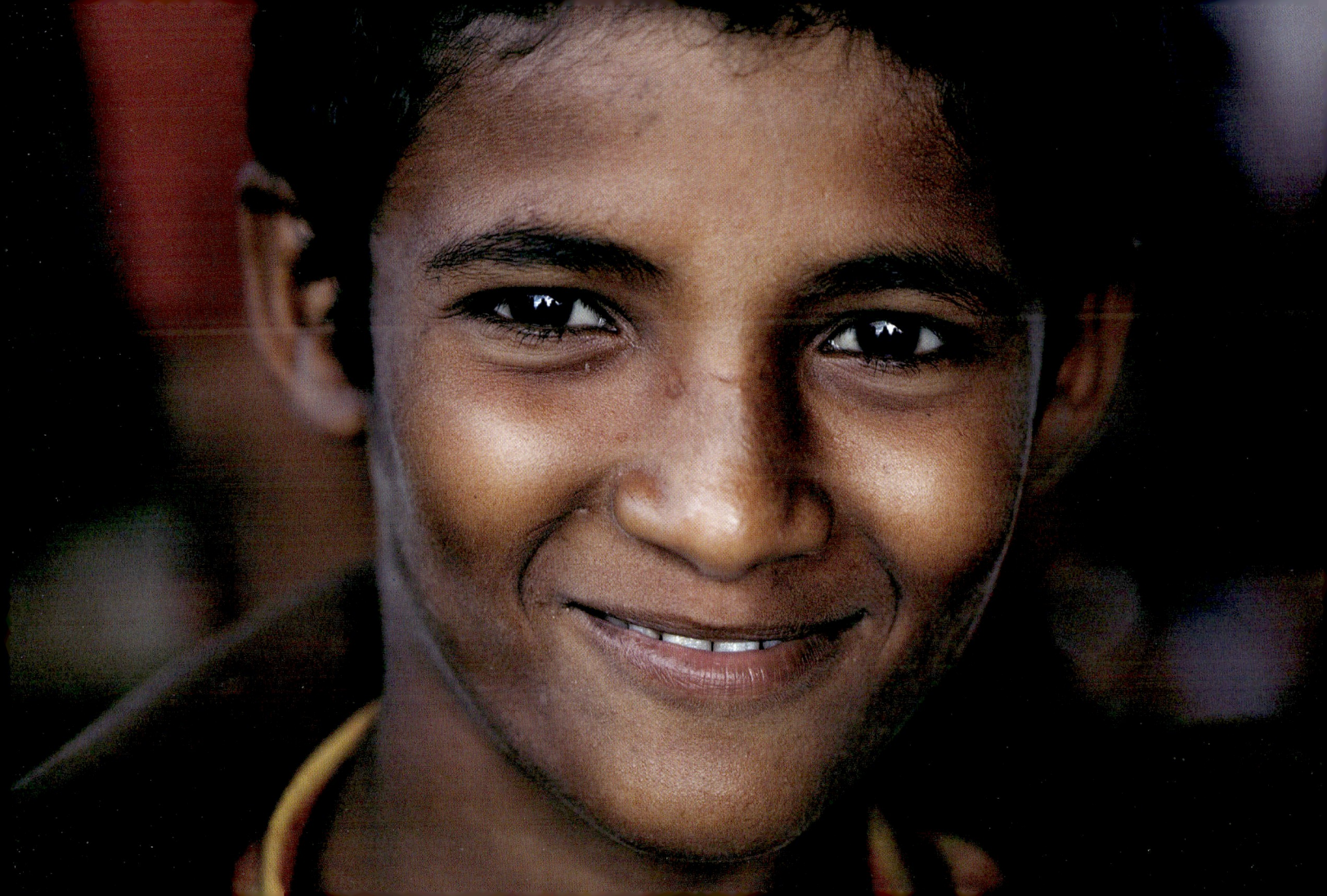

23. Mai

Auf eine Bitte hin zu geben ist gut, aber besser ist ein verständnisvolles Geben aus freien Stücken.

Khalil Gibran

In der Altstadt von Ghadames, einem ehemaligen Hauptknotenpunkt des Transsahara-Handels, Libyen

24. Mai

Wenn es dir an Weisheit mangelt, was besitzt du dann?

Wenn du Weisheit erlangt hast, woran mangelt es dir?

Der Midrasch

An der Küste des Roten Meeres ruht sich der 65-jährige Arif im Hafen von Hudaydah nach dem Fischfang aus. Jemen

25. Mai

Noch gibt es in deinem Herzen andere Standpunkte, so viele falsche Götter, die du verschönern möchtest. Du verlierst kostbare Zeit und Kraft, auch wenn du glaubst, richtig zu handeln. Faouzi Skali

Lampenhändler am Jemaa-el-Fna-Platz in Marrakesch, Marokko

26. Mai

Bei vollem Brunnen den Durst zu fürchten, ist das nicht ein unstillbarer Durst? Khalil Gibran

Die Sultan-Ahmed-Moschee oder Blaue Moschee in Istanbul hat sechs Minarette, deren Lanzenform eine Besonderheit der ottomanischen Architektur darstellt. Türkei
FOLGENDE DOPPELSEITE: Agadir, erster Sardinenfischereihafen Marokkos

27. Mai

Geld macht verrückt. Rabbi Nachman von Bratslav

28. Mai

Die Tür, die sich nicht für die Mildtätigkeit öffnet, öffnet sich für den Arzt. Jüdisches Sprichwort

Typisches Eingangstor in eine Kasbah in der Nähe von Tizirt, Marokko

29. Mai

Ob euch das Glück lacht oder nicht, ob eure Tage fröhlich verlaufen oder nicht, ihr seid ständig aufeinander angewiesen, es gibt keine Freude und kein Leid, das nicht darum gegeben wäre, dass ihr eure Ehrlichkeit beweist und euch enger aneinander bindet und einander unterstützt. Abû Hayyân al-Tawhîdî

Zwei Dorfbewohner aus Chagcharan diskutieren im Schatten der Weiden. Afghanistan

30. Mai

Ihr gewährt nur wenig, wenn ihr von eurem Besitz gebt.

Erst wenn ihr euch selbst schenkt, gewährt ihr wahrhaftig.

Khalil Gibran

Der Souk von Sanaa gehört zum Weltkulturerbe. Jemen

31. Mai

Durch Taten wird deine Seele von ihren Leiden befreit. Die Großzügigkeit der Gabe befreit dich von Geiz. Das Geschenk, zu dem du dich jeden Augenblick selbst machen kannst, befreit dich von dir selbst. Es bleibt dir nichts anderes übrig, o Freund, als zu geben. Faouzi Skali

Die Beduinen aus Petra präsentieren alte Traditionen. Jordanien

1. Juni

Schönheit ist Leben, das sein unverletzliches Gesicht enthüllt.

Doch ihr seid das Leben und auch der Schleier.

Schönheit ist Ewigkeit, die sich im Spiegel ansieht.

Doch ihr seid die Ewigkeit und der Spiegel zugleich.

Khalil Gibran

Aufgrund der Farbe ihrer mit Indigo gefärbten Turbane werden die Tuareg oft als »blaue Männer« bezeichnet. Libyen

2. Juni

Das Almosengeben stellt eine Eigenart des Menschen dar, durch die er sich radikal von der Tierwelt unterscheidet. Es ist die Trennungslinie zwischen der menschlichen Natur, die uns innewohnt, und der Animalität, die von uns Besitz ergriffen hat. Philippe Yacine Demaison

Ein alter Mann ruht sich in der Al-Abhar-Moschee in der Altstadt von Sanaa aus. Jemen
FOLGENDE DOPPELSEITE: Die Hunzakut in den Tälern des Himalaja bezeichnen sich als direkte Nachfahren von Alexander dem Großen. Pakistan

3. Juni

Deshalb gebt jetzt, damit das Geben an euch liegt und nicht an euren Erben. Khalil Gibran

Ein Tuareg mit dem typischen indigofarbenen Turban, Libyen

Wenn ich eines bin, dann zugleich das Öl der Lampe und das Wasser, das die Lampe löscht. Wo soll ich Zuflucht finden? Dschalal ad-Din ar-Rumi

4. Juni

5. Juni

Lass deinen Blick im Universum meines Blickes schweifen;
lass deine Hände in der Liebkosung meiner Hände ausruhen.

Ahmad Shafiq Kamel

Begegnung mit Kindern armen Dorfes, das von der Holzkohleherstellung lebt, in der Nähe von Taiz, Jemen

6. Juni

Habt ihr Frieden, dieses stille Verlangen, das eure Kraft offenbart? Khalil Gibran

In der Felsenstadt Petra sorgt die Touristenpolizei zu Pferd für die Sicherheit der Besucher. Jordanien

7. Juni

Wenn du unentwegt vom Frieden sprichst, bedenke vor allem, was dein Herz dazu sagt. Versuche zuerst das Talent zu entfalten, das du verschenken möchtest. Faouzi Skali

Fatima im Hof ihres Hauses im Dorf Garb Sehel, Ägypten

8. Juni

Ich habe aus freien Stücken viel gelernt, und ich habe auch viel vergessen. In meiner Erinnerung hatte alles seinen Platz. Was zum Beispiel rechts war, konnte nicht nach links kommen. Ich fand keinen Frieden, bis ich eines Tages alles über den Haufen warf. Ich hatte endlich verstanden, dass sich nichts bestätigen oder in Abrede stellen lässt. Omar Khayyam

Der Händler Mohamed Al-Ansey im Souk von Sanaa, einem der ältesten Märkte der Arabischen Halbinsel, Jemen

In der Sahararegion des Erg Ubari, Libyen
FOLGENDE DOPPELSEITE: Viele Städter aus Tripolis wollen in den Dünen die Wüste erleben. Libyen

Wer seine Moral wie sein bestes Kleidungsstück trägt, wäre besser nackt. Khalil Gibran

9. Juni

uns immer die Aufrichtigkeit unserer Absicht prüfen, bevor wir sie in die Tat umsetzen.

11. Juni

Nicht die Welt ist der Ursprung der Frage, sondern die Frage ist der Ursprung der Welt.

Rabbi Nachman von Bratslav

Die Altstadt von Ghadames, ein bedeutendes Kulturerbe der Berber, entstand zum Schutz vor der Hitze der Wüste. Libyen

12. Juni

Eine Idee ist nicht mehr wahr, sobald man sich mit ihr abfindet. Marc-Alain Ouaknin

Das gesellige Rauchen der Wasserpfeife ist im Orient Tradition. Ägypten

13. Juni

Ein Wesen, das zu einem anderen Schicksal in der Lage ist, als dem seinen, ist ein reiches Wesen.

Elisha Ben Abuya

Der 34-jährige Muhammed Wasim in Beit Al-Faqih auf einem der wichtigsten Märkte des Jemen

14. Juni

»Zu viel Weltwissen« steht der Freiheit des Menschen im Wege, es bedeutet, sich in einer vorgefertigten Meinung über die Welt und das eigene Schicksal einzurichten. Marc-Alain Ouaknin

Hieroglyphen am Tempel von Ramses III. im Tal der Könige in Luxor, Ägypten

15. Juni

Je weiter die Wissenschaft fortschreitet, umso dringlicher wird sich der Mensch die Frage nach dem Sinn seiner Existenz stellen müssen. Amin Maalouf

Der Souk von Sanaa ist einer der ältesten Märkte der Arabischen Halbinsel. Jemen

16. Juni

Es gibt heute, trotz unseres materialistischen Zeitalters mit seinem Höllenlärm und seiner schrecklichen technischen, industriellen, atomaren und militärischen Macht noch einige Vertreter jener vollkommenen Menschlichkeit, die in der Stille suchen, meditieren und beten. Cheikh Khaled Bentounès

Zu jeder Tages- und Nachtzeit kommen jüdische Männer und Frauen zur Westmauer in der Altstadt Jerusalems zum Beten oder Meditieren.

17. Juni

Über alles, was du hinter oder vor dir liegen siehst, musst du hinausgehen, wenn du über dich selbst hinausgehst.

Farid ud-Dîn Attar

In Essaouira während des Gemeinschaftsgebets am Ende des Ramadan, Marokko

18. Juni

Alles, was der Mensch denkt, ist nicht wert, gesagt zu werden. Und alles, was er sagt, ist nicht wert, aufgeschrieben zu werden. Und alles, was er aufschreibt, ist nicht wert, gedruckt zu werden.

Rabbi Menachem Mendel

In der alten Moschee der Königin Arwa in Jibla liest ein Dorfbewohner im Koran. Jemen

Junger tadschikischer Hirte im Herzen Zentralasiens

Wenn du die Welt betrachtest, betrachtest du den Schöpfer. Baal Schem Tov

19. Juni

20. Juni

Richte dein Augenmerk auf deine Unwissenheit, und dir werden tausend Erkenntnisse zuteil. Faouzi Skali

Koranlektüre in der Madrasa, der Koranschule in Ghadames, Libyen

21. Juni

Der Narr sagt, was er weiß, der Weise weiß, was er sagt. Rabbi Simcha Bunem von Przysucha

Tadschikische Kameltreiber in der Region des Mustagh Ata im Herzen Zentralasiens, zwischen China, Afghanistan und Pakistan

22. Juni

Gegen den Neid erfrisch deine Augen am Quell des Gebens.

Gegen die Gier kultiviere ein dankbares Herz.

Gegen die Ruhmsucht erstrebe ein zurückgezogenes Leben.

Faouzi Skali

Im koptischen Kloster Deir Amba Bishoi liest Pater David still in seinem Gebetbuch. Ägypten

23. Juni

Es geht um eine andere Wahrheit als die, die du aussprichst. Wenn du sie erkennen willst, höre sie vom Grund deines Wesens heraufbranden. Denn aus dieser inneren Notwendigkeit wird die Vision geboren. Faouzi Skali

Die zwölfjährige Safaa Gamal ist nubischer Herkunft und wohnt mit ihrer Familie am Ufer des Nils. Ägypten
FOLGENDE DOPPELSEITE: Im Ennedi-Massiv im Süden der Sahara führen die Hirten ihre Dromedare zur Wasserstelle. Tschad

24. Juni

Bescheidenheit bringt wahrhaftig Befreiung.

Faouzi Skali

Grundschule im Hunzatal im Himalaja, Pakistan

Lernen spielt sich in dem fließenden Übergang dessen ab, was bereits gewusst wird, und dessen, was noch zu sagen ist, was im Begriff ist, sich anders mitzuteilen. Marc-Alain Ouaknin

25. Juni

26. Juni

Wenn du dich für wichtiger hältst als alle anderen Menschen, denke dein restliches Leben nur noch an eines: deine Seele von einer solchen Krankheit zu befreien. Faouzi Skali

Die Statue Ramses' II. befand sich vor dem Pfeilersaal des Gerf-Hussein-Tempels und thront heute im Scheinwerferlicht des Nubischen Museums in Assuan. Ägypten

27. Juni

Ihr solltet wissen, dass selbst gegen das Geringste, das Gott geschaffen hat, kein Mensch etwas ausrichten kann, weder auf Erden noch im zukünftigen Leben. Ibn al-Arabî

Auf dem Hochplateau in unmittelbarer Nähe des 7546 Meter hohen Mustagh Ata im Herzen Zentralasiens, zwischen China, Afghanistan und Pakistan

28. Juni

Und für den Großherzigen ist die Einfühlung in den, der empfangen soll, eine größere Freude als das Geben selbst. Khalil Gibran

Glückliche Begegnung in einem Dorf in der Nähe von Taiz, Jemen

29. Juni

Alles, was vom Ego kommt, kann uns nur irreführen. Es ist nur Eitelkeit zu denken, wir könnten Gott wie unser tägliches Brot erwerben, mit Gebeten, Enthaltsamkeit oder Großzügigkeit. Gott lässt sich nicht kaufen, er lässt sich entdecken, in einer Haltung tiefer Bescheidenheit, Anspruchslosigkeit und Hingabe. **Cheikh Khaled Bentounès**

Die Masjed-e Imam (Freitagsmoschee) in Isfahan, eine der schönsten Moscheen der Welt, Iran

30. Juni

Gewalt resultiert aus der Meinung, dass wir den anderen und die Welt bereits kennen. Marc-Alain Ouaknin

Basrelief des römischen Theaters in Sabratha, Libyen
FOLGENDE DOPPELSEITE: Sandsturm im Süden der Sahara, Tschad

1. Juli

Was nützt es dem Menschen, wenn er die ganze Welt gewinnt, dabei aber sein Leben einbüßt?

Markusevangelium 8,36

2. Juli

Richte deine Aufmerksamkeit auf deine Schwächen, und dir wird Stärke zuteil. Faouzi Skali

Ghadames, die »Perle der Wüste«, ist eine der ältesten Oasenstädte der Sahara, Libyen

3. Juli

Die Weisen ersetzen Stolz durch Bescheidenheit, Eifersucht durch Freigiebigkeit, Eitelkeit durch Aufrichtigkeit, Hass durch Liebe und die Scheu, sich bloßzustellen, durch Heiterkeit. Es sind nicht mehr die Normen der Sinnenwelt, die ihnen ihr Geheimnis offenbaren, sondern die des Geistes. *Faouzi Skali*

Vor der Grabeskirche in der Altstadt Jerusalems liest ein junger italienischer Mönch das Ostergebet.

4. Juli

Da formte Gott, der Herr, den Menschen aus Erde vom Ackerboden und blies in seine Nase den Lebensatem. So wurde der Mensch zu einem lebendigen Wesen. Genesis 2,7

Die zehnjährige Beduinin Taman verkauft in einer Höhle von Petra geriffelte Steine. Jordanien

5. Juli

Wir sind, und das sage ich nicht als Allegorie:
unseres Meisters Hampelmänner, Spielzeug,
das vom Tisch der Existenz zurückgeworfen wird
in den Spielzeugkoffer der Nicht-Existenz, einer nach dem anderen.

Omar Khayyam

Die Sultan-Ahmed-Moschee oder Blaue Moschee in Istanbul hat sechs Minarette, deren Lanzenform eine Besonderheit der ottomanischen Architektur darstellt. Türkei

6. Juli

Gottesergebenheit schließt Frieden, Weisheit und Toleranz ein. Sich Gott zu ergeben heißt nicht, zu verzichten, sondern zu leben. Das Individuum verantwortet sich somit direkt vor Gott. Tahar Ben Jelloun

Mosaik im Innern der Scheich-Lotfollah-Moschee in Isfahan, Iran

7. Juli

In der Liebe ist der ein Held, der sich ergibt,

wenn ihn die Liebe überfällt.

Dschalal ad-Din ar-Rumi

Die zehnjährige Sanajadih in Ghadames, Libyen
FOLGENDE DOPPELSEITE: Das Khazne al-Firaun (Schatzhaus) in Petra ist ein aus dem Felsen gehauenes Grabmal. Jordanien

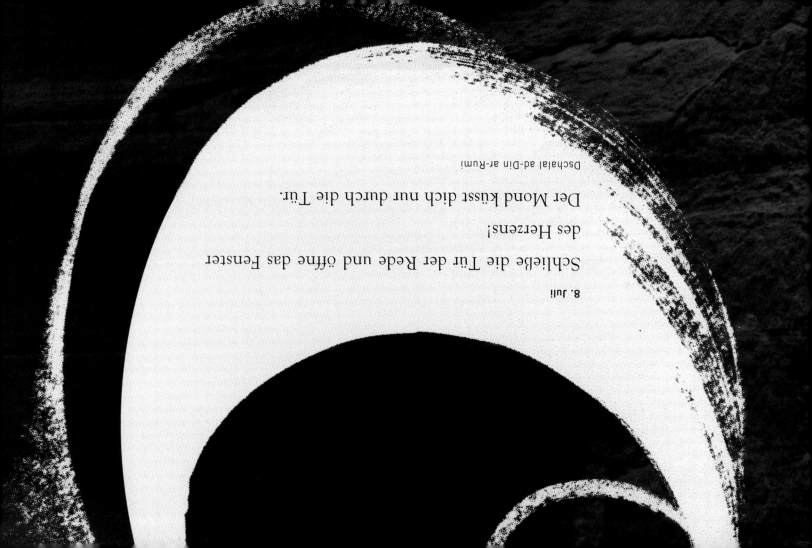

8. Juli

Schließe die Tür der Rede und öffne das Fenster
des Herzens!
Der Mond küsst dich nur durch die Tür.

Dschalal ad-Din ar-Rumi

Koranlektüre in der Madrasa, der Koranschule in Ghadames, Libyen

Wer sein Wissen nicht erweitert, verringert es. Hillel der Ältere

9. Juli

10. Juli

Das Infragestellen der Welt, die Erschütterung der Weltkenntnis sind bereits Offenbarung. Marc-Alain Ouaknin

Dromedare kommen zum Trinken in die Guelta Archai im Süden der Sahara. Tschad

11. Juli

Für Mohammed basierte die Lehre auf dem Wort, für Jesus auf der Liebe, für Moses auf dem Gesetz. Und seit der Aufklärung hat ihr jeder Prophet einen besonderen Ton verliehen. Warum? In der Schöpfung gibt es nichts absolut Gleiches. Cheikh Khaled Bentounès

Marrakesch, botanischer Garten des Künstlers Jacques Majorelle, einer der führenden Vertreter der französischen Moderne, Marokko

12. Juli

6 Himmelsseiten, 7 Planeten, 8 Himmel bei 10 intelligenten Wesen
ergeben diese 2 Zeilen, nach 9 Firmamenten:
mit deinen 5 Sinnen, 5 Gaben und 4 Elementen
machte Gott in den 3 Welten nicht 1 so schön wie dich!

Omar Khayyam

Die libanesische Schriftstellerin Alma Fakhre Mecattaf setzt sich für die Würde der Frauen ein.

Dann wird für dich der Friede keine bloße Sache des Denkens mehr sein. Er wird in deinem Herzen wohnen und all dein Tun begleiten. Faouzi Skali

Ein Gläubiger geht über den Hof der As-Sunna-Moschee in Jibla zum Gebet, Jemen

13. Juli

14. Juli

Man kann Wissen ansammeln, aber man gelangt nicht immer zur Erkenntnis.

Um zu erkennen, muss man zum Leben erwacht sein.

Cheikh Khaled Bentounès

Barbier im Freien in Kaschgar, uigurische Stadt in China, im Herzen Zentralasiens
FOLGENDE DOPPELSEITE: Erste Dünen in der libyschen Sahara am Dreiländereck zu Algerien und Tunesien

15. Juli

Mein Gebot lautet, euch Gastfreundschaft zu gewähren und euch in Frieden weiterziehen zu lassen.

Ein Wüsteneremit

16. Juli

Die Uneinigkeit der Menschen entspringt den Begriffen; sobald sie die Wirklichkeit erreichen, tritt Frieden ein. Dschalal ad-Din ar-Rumi

Mit dem Schofar, einem aus Widderhorn hergestellten rituellen Musikinstrument, wird am Jom Kippur in jeder Synagoge das Fastenende bekannt gegeben. Israel

17. Juli

Wenn euch das Streben nach Glück einmal ganz aussichtslos erscheint, denkt an euren Elan in glücklicheren Zeiten zurück. Es ist nicht ausgeschlossen, dass die Freude wiederkehrt. Rabbi Nachman von Bratslav

Tafraout, eine kleine Berberstadt im marokkanischen Teil des Atlasgebirges

18. Juli

Wenn jene, die euch anführen, zu euch sagen: »Siehe, das Königreich ist im Himmel«, werden euch die Vögel des Himmels zuvorkommen. Sagen sie zu euch: »Es ist im Meer«, werden euch die Fische zuvorkommen. Aber das Königreich ist innerhalb und außerhalb von euch. Der heilige Thomas

Eine junge tadschikische Hirtin auf dem Chichiklik-Plateau zwischen China, Afghanistan und Pakistan, im Herzen Zentralasiens

19. Juli

Denn das, was grenzenlos in euch ist, wohnt im Palast des Himmels, dessen Tor der Morgennebel ist und dessen Fenster die Lieder und die Stille der Nacht sind. Khalil Gibran

Die Moschee von Ghadames, dem Tor zur Sahara, Libyen

20. Juli

Denn der Gedanke braucht wie ein Vogel Raum; in einem Käfig aus vielen Worten kann er wohl seine Flügel ausbreiten, aber nicht fliegen. Khalil Gibran

Vogelmarkt in der uigurischen Stadt Kaschgar in China

21. Juli

Sagt nicht: »Ich habe die Wahrheit gefunden«, sondern lieber: »Ich habe eine Wahrheit gefunden.«

Sagt nicht: »Ich habe den Weg der Seele gefunden«, sondern lieber: »Mir begegnet auf meinem Weg die Seele.«

Denn die Seele geht auf allen Wegen.

Die Seele geht weder geradeaus noch wächst sie wie ein Schilfrohr.

Die Seele entfaltet sich, wie ein Lotos mit zahllosen Blütenblättern.

Khalil Gibran

Der koptische Mönch Pater Thomas im Kloster Amba Bishoi im Wadi Natrun strahlt Frieden aus. Ägypten
FOLGENDE DOPPELSEITE: Das koptische Kloster des heiligen Paulus von Theben (Deir Anba Bula), Ägypten

22. Juli

Wenn du fragst: »Was bedeutet Inkarnation?«, antworte ich nur: »Licht.« Shaikh Abul Hassan Kharaqani

23. Juli

Sei trunken, o Freund. Das ist der beste Weg. Trotz äußerer Nüchternheit sollte sich deine Seele unentwegt am Wein der Fröhlichkeit laben. Er allein, o Freund, weiß dich vor innerem Austrocknen zu bewahren. Faouzi Skali

In den Dünenfeldern bei Ubari, der letzten Oase im Wadi Adjal, Libyen

24. Juli

Sieh, wie das Feuer aus der Asche
emporsteigt,
nach der süßen Ruhe des Vergessens.

Faouzi Skali

Die zehnjährige Reem in der Altstadt von Ghadames, Libyen

25. Juli

Akzeptiere auch die Nacht in dir, und habe Geduld mit deinen Leiden. Erst muss die Nacht zu Ende gehen, bevor sich die Morgenröte zeigt, und aus dem dunklen Leib der Erde sprosst der Keim.
Das Geschenk der Nacht nützt dir vielleicht mehr als das des Tages.

Faouzi Skali

Ein Tomatenhändler hält im Schatten einer Gasse in Kabul Siesta. Afghanistan

26. Juli

Vergesst nicht: Die Dinge können sich im Nu vom Schlimmsten zum Besten wenden.

Rabbi Nachman von Bratslav

Gewitterhimmel im marokkanischen Teil des Atlasgebirges

27. Juli

Erinnere dich an jene grundlosen Tränen, an jene unendliche Traurigkeit. Zweifellos weißt du es noch nicht, aber deine Seele sehnt sich nach ihrem Urbild. Faouzi Skali

Die junge kasachische Hirtin Aisulu, deren Name »Schönheit des Mondes« bedeutet, lebt mit ihrer Familie den Sommer über in einer Jurte im Hohen Altai. Mongolei

28. Juli

Schaue die Süße des Schmerzes. Gehe dem Schmerz entgegen.
Komm endlich zum Ursprung deines eigentlichen Ursprungs.
Obwohl du scheinbar von der Erde abstammst,
bist du der Sohn der besten Gewissheit.

Dschalal ad-Din ar-Rumi

Medusenmedaillon auf dem Severischen Forum von Leptis Magna, einer der größten Metropolen des Römischen Reichs, Libyen

Rast nahe der Moschee der alten Stadt Kaschgar in China, im Herzen Zentralasiens

Sich selbst erkennen bedeutet, hundertmal zu leben. Farid ud-Din-Attar

29. Juli

30. Juli

Man sollte jeden Tag tanzen, und sei es nur in Gedanken. Rabbi Nachman von Bratslav

Marionette eines Sufitänzers in der Vitrine eines kleinen Ladens im Großen Basar in Istanbul, Türkei

31. Juli

Der Seelenvogel hockt
auf einem Zweig Licht
im kristallklaren Raum
auf dem Gipfel des Universums.

Faouzi Skali

Alte Schule im italienischen Kolonialstil inmitten eines Palmenhains in Ghadames, Libyen

1. August

Wenn ihr traurig seid, schaut tief in euer Herz, und ihr werdet finden, dass ihr in Wahrheit um ein vergangenes Vergnügen weint. Khalil Gibran

Die Einwohner des Hunzatals im Himalaja sind für ihre hohe Lebenserwartung bekannt, die teilweise auf ihre Ernährungsweise zurückgeführt wird. Pakistan

Ein Zweihöckriges Kamel ruht in den Steppen des Altai-Massivs, Mongolei

Humor ist trunkene Wahrheit. Georges Natan

2. August

3. August

Bemühe dich, nur positive Gedanken zu haben. Das bewirkt wahre Wunder in dir. Rabbi Nachman von Bratslav

Die libanesische Schriftstellerin Alma Fakhre Mecattaf setzt sich für die Würde der Frauen ein.

4. August

Vom Guten in euch kann ich sprechen, aber nicht vom Bösen.
Denn was ist das Böse anderes, als das ausgehungerte, verdurstende Gute?

Khalil Gibran

Detail eines kleinen Fischerboots im Hafen von Agadir, Marokko

5. August

Nur das Absolute besteht, das Weltliche ist vergänglich. Cheikh Khaled Bentounès

Das im 7. Jahrhundert vor Christus von den Phöniziern an der Mittelmeerküste gegründete Leptis Magna entwickelte sich zu einer der größten Metropolen des Römischen Reichs. Libyen

6. August

Richtiges Handeln muss von einer tieferen Einsicht inspiriert sein, die es zu einer Form von Andacht macht. Ebenso beflügelt eine durchgeistigte Haltung freies, effektives Handeln. Faouzi Skali

Frauen spinnen Ziegenwolle auf dem Festival in Ghadames. Libyen

7. August

Sucht stets das Gute in euch. Richtet euer Augenmerk auf euren positiven Kern, in diesem hellen Licht betrachtet eure Niedergeschlagenheit und verwandelt sie in Daseinsfreude. Rabbi Nachman von Bratslav

Frühling im Hunzatal, das seine Ursprünglichkeit durch die isolierte Lage im Himalaja über die Jahrhunderte bewahrt hat, Pakistan

8. August

Arbeit ist wichtig, denn sie ehrt den, der sie ausführt. Shimon bar Yohai

Die Herstellung und der Verkauf von marokkanischen Teppichen verschafft Hunderten von Familien ein Auskommen und erlaubt es den Frauen zu arbeiten. Marokko

9. August

Sicher – deine Seele webt sich aus Handlungen ihre Gewänder. Aber verlasse dich nicht auf deren Äußeres. Denn es ist die zugrunde liegende Absicht, die ihnen Leben einhaucht. Faouzi Skali

Gebet in der Yeni Camii, der Neuen Moschee in Istanbul, Türkei

10. August

Wenn du einen Rat brauchst, arbeite mit Geduld.

Wenn du größer werden willst, wachse mit Geduld.

Yunus Emre

Begegnung in der Medina, der Altstadt von Tripolis, Libyen

11. August

Wer kann seine Religion von seiner Tätigkeit trennen oder ohne Taten glauben?

Wer kann seine Stunden vor sich ausbreiten und sagen: »Diese für Gott und diese für mich; diese für meine Seele und diese für meinen Körper?«

All eure Stunden sind Flügel im Raum, die von Ich zu Ich schlagen.

Khalil Gibran

Der 1660 erbaute Ägyptische Basar in Istanbul bietet eine Überfülle an herrlich duftenden Gewürzen. Türkei

Tuareg in den Dünen des Fezzan südlich von Ghat, Libyen

Richtet euch lieber in der Wildnis eine Hütte nach euren Vorstellungen ein, bevor ihr hinter Stadtmauern ein Haus baut. Khalil Gibran

12. August

13. August

Man muss ganz da sein.

Darin besteht die Wesenseinheit. Das Innere und das Äußere müssen eine echte Symbiose eingehen, einander vollkommen, ohne Wenn und Aber, entsprechen. Wenn unsere Absicht nicht mit unseren Taten übereinstimmt, wenn wir uns und anderen etwas vormachen, verschwenden wir unsere Zeit. All unsere Mühen und Anstrengungen sind dann umsonst.

Cheikh Khaled Bentounès

Salah Abdo Elfatah entspannt bei einer Wasserpfeife am Nilufer in Nubien. Ägypten

14. August

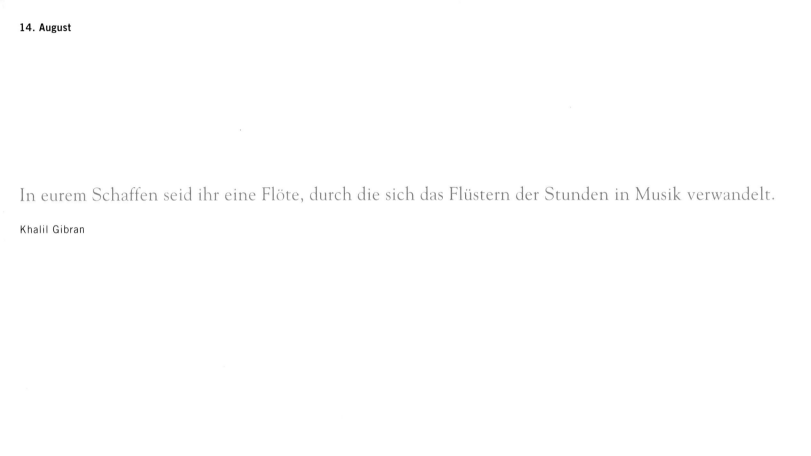

In eurem Schaffen seid ihr eine Flöte, durch die sich das Flüstern der Stunden in Musik verwandelt.

Khalil Gibran

Geschirrwaschen in einem Bach im Hunzatal in Himalaja, Pakistan

15. August

In der Tat, das Leben ist Finsternis, es sei denn, da ist ein Verlangen,

Und jedes Verlangen ist blind, es sei denn, da ist Wissen,

Und jedes Wissen ist vergeblich, es sei denn, da ist ein Schaffen,

Und jedes Schaffen ist leer, es sei denn, da ist Liebe,

Und ein Schaffen aus Liebe führt euch zu euch selbst, zueinander und zu Gott.

Khalil Gibran

Das dreitägige Festival in Ghadames bedeutet für die Berber- und Tuaregfamilien ein Besinnen auf alte Traditionen. Libyen

16. August

Ich werde dir im Geheimen sagen, warum die Rose lächelt:
Damit eine schöne Frau sie in die Hand nimmt und daran riecht.

Dschalal ad-Din ar-Rumi

Die zehnjährige Imam Senoussi Ali während des Festivals der Tuareg, Libyen

17. August

Und was heißt aus Liebe schaffen?

Es heißt aus dem Herzen Fäden spinnen, um ein Tuch zu weben, das euer Geliebter tragen soll.

Khalil Gibran

Ein Fischer repariert seine Netze im Hafen von Agadir. Marokko

18. August

Die Ehre kommt nicht von der Stellung, die man einnimmt: Erst der Mensch verleiht der von ihm eingenommenen Position einen Wert. Yossi Ben Khalafta

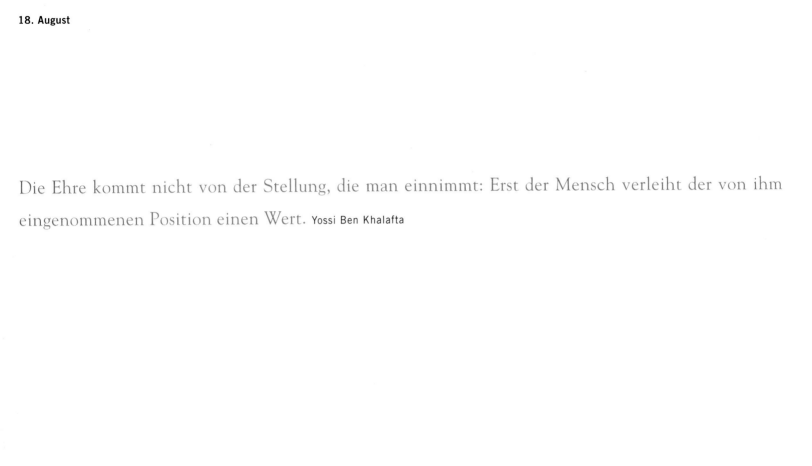

Schneiderwerkstatt in der Altstadt von Tripolis, Libyen

19. August

Auf der Erde und in euch selbst sind Zeichen. Und ihr wollt sie nicht bemerken? Koran 51,21

Frühling im Dorf Abyaneh, Iran

20. August

Was du siehst, ist dein Gesicht.

Was du über jemanden denkst, das denkst du über dich selbst.

Yunus Emre

Ein beduinischer Dromedarhüter in Petra, Jordanien

21. August

Ich habe viel von meinen Lehrmeistern gelernt, mehr noch von meinen Gefährten, und noch mehr von meinen Schülern. Rabbi Jehuda

Im Innern des Tempel Ramses' III. im Tal der Könige in Luxor, Ägypten

22. August

Die Erforschung des Atems ist eine ziemlich komplizierte Angelegenheit. Ist es schon recht schwer, o Freund, sich über die körperliche Atmung Rechenschaft zu geben, die dein Leben rhythmisch gliedert, so ist von der Atmung der Seele und des Geistes ganz zu schweigen! Faouzi Skali

Kind eines armen Dorfes in der Nähe von Taiz, Jemen

23. August

Der Alltag ist euer Tempel und eure Religion.
Wann immer ihr ihn betretet, tut dies bewusst.

Khalil Gibran

Ein tadschikischer Hirte hütet seine Schafe, nicht weit vom 4693 m hohen Khunjerab-Pass zwischen China und Pakistan entfernt.

24. August

Ihr könnt euch in sie einfühlen,
aber versucht nicht, sie euch anzugleichen.

Khalil Gibran

Zwillinge in einer kasachischen Jurte in den Tälern des Hohen Altai, Mongolei

25. August

Es kümmert mich nicht, ob ich in den Augen der Kirche als Glaubender dastehe oder nicht. Für mich ist ein Glaubender einfach jemand, der sich an bestimmte Werte hält, die ich alle auf eines zurückführe: die Menschenwürde. Der Rest sind Mythen und Hoffnungen. Amin Maalouf

Ein Fischer ruht im Hafen von Agadir. Marokko
FOLGENDE DOPPELSEITE: Ein alter Mann wartet am Ausgang einer Moschee in der Altstadt von Sanaa auf die Almosen der Gläubigen. Jemen

26. August

Keiner von euch ist gläubig, bis er für seinen Bruder wünscht, was er für sich selbst wünscht.

Ausspruch des Propheten Muhammad

27. August

Warum wurde nur ein Adam erschaffen?

Damit unter den Menschen Frieden herrscht; denn so kann sich keiner herausnehmen, zu seinem Nächsten zu sagen: »Meine Vorfahren waren bedeutender als deine...«

Der Talmud

Sabratha an der Mittelmeerküste hatte sein Goldenes Zeitalter während der ersten Jahrhunderte der römischen Herrschaft. Libyen

29. August

Lasst euch lieber gemeinsam mit dem Gebenden durch dessen Gabe emportragen als mit Flügeln.

Khalil Gibran

Zweihöckriges Kamel im Hunzatal im Himalaja, Pakistan

30. August

Die Menschheit ist, trotz ihrer Vielfalt, vor allem ein Ganzes. Amin Maalouf

Keramikkuppel im Gebetssaal der Madrasa Chahar Bagh in Isfahan, Iran

31. August

Der Prophet hat etwas sehr Einfaches, aber ungeheuer Wichtiges gelehrt: dass man für seine Mitmenschen sorgen soll. Philippe Yacine Demaison

In der Altstadt von Ibb, Jemen

1. September

Jemanden zu respektieren, seine Vergangenheit zu achten, heißt zu begreifen, dass er derselben Menschheit angehört wie man selbst – und nicht einer anderen, einer Menschheit zweiter Klasse. Amin Maalouf

Die 50-jährige nubische Mutter Azizah Bechir Jumah im Hof ihres Hauses am Nilufer, Ägypten
FOLGENDE DOPPELSEITE: Dünen in Fezzan südlich von Ghat, Libyen

2. September

Die Wahrheit, nach der du suchst, o Freund, ist stets jenseits von dir. Faouzi Skali

3. September

Wer auf dieser Welt hat noch nie gelitten? Sag es mir!

Heißt leben denn nicht leiden? Sag es mir!

Ich richte Schaden an und ernte dein Vergelten.

Worin unterscheiden wir uns? Sag es mir!

Omar Khayyam

Dromedare im Süden der Sahara, Tschad

4. September

Die innere Ruhe, die zur Seelengröße führt und die menschliche Schwäche geduldig ertragen lässt, ist der Beginn der göttlichen Weisheit. Isaak der Syrer

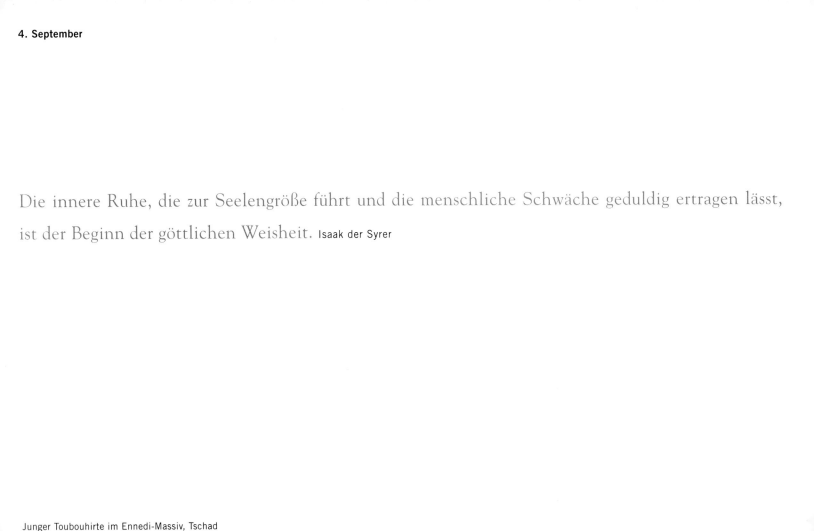

Junger Toubouhirte im Ennedi-Massiv, Tschad

5. September

Ihr seid Weg und Wegbereiter.

Denn wer hinfällt, fällt er auch um der Nachfolger willen, als Warnung vor dem Stolperstein.

Ja, und er fällt auch um der Vorgänger willen, die obgleich schneller und sicherer im Schritt, den Stein des Anstoßes nicht entfernten.

Khalil Gibran

Abstieg auf dem Eselsrücken zu einem Brunnen unterhalb eines Dorfes an der Atlantikküste, Marokko

6. September

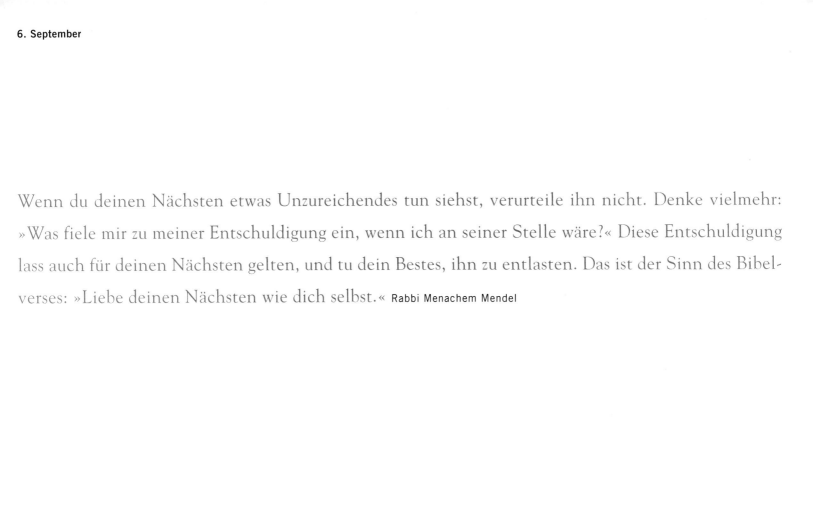

Wenn du deinen Nächsten etwas Unzureichendes tun siehst, verurteile ihn nicht. Denke vielmehr: »Was fiele mir zu meiner Entschuldigung ein, wenn ich an seiner Stelle wäre?« Diese Entschuldigung lass auch für deinen Nächsten gelten, und tu dein Bestes, ihn zu entlasten. Das ist der Sinn des Bibelverses: »Liebe deinen Nächsten wie dich selbst.« Rabbi Menachem Mendel

In den Morgenstunden verkaufen die Fischer ihren Fang am Hafenkai von Essaouira. Marokko

7. September

Warum siehst du den Splitter im Auge deines Bruders, aber den Balken in deinem Auge bemerkst du nicht? Matthäusevangelium 7,3

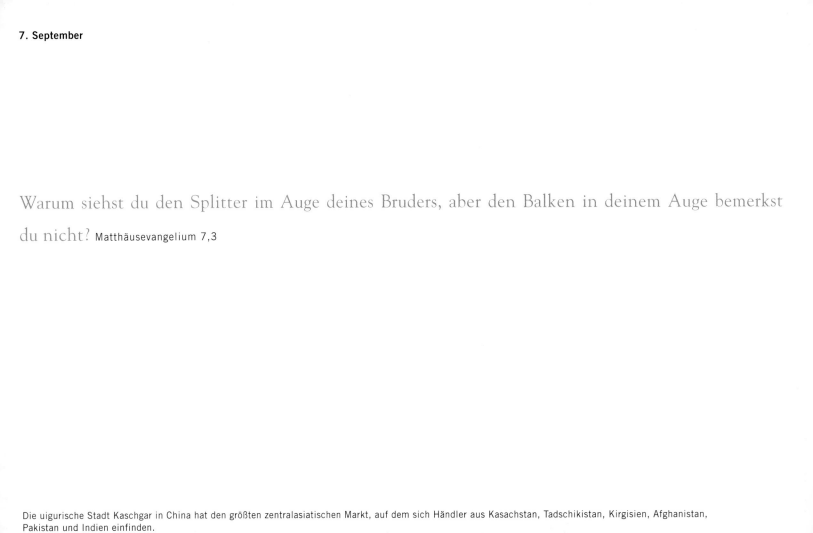

Die uigurische Stadt Kaschgar in China hat den größten zentralasiatischen Markt, auf dem sich Händler aus Kasachstan, Tadschikistan, Kirgisien, Afghanistan, Pakistan und Indien einfinden.

8. September

Geschaffen hat den Himmel nur der Mensch durch sein Verlangen;

die Hölle ist ein Schatten nur, den unser Geist voll Bangen

in jenen Abgrund wirft.

Omar Khayyam

Im Hunzatal im Himalaja sind die meisten Hunzakut Ismaeliten, eine moderate Richtung des Islam, deren religiöses Oberhaupt der Aga Khan ist. Pakistan
FOLGENDE DOPPELSEITE: Freunde schließen am Nilufer ein Geschäft ab. Ägypten

9. September

Liebt einander, doch macht keinen Vertrag aus der Liebe: lasst sie lieber eine bewegte See zwischen den Ufern eurer Seelen sein. Khalil Gibran

10. September

Vom Unglauben zum Glauben – nur eine Eingebung!

Zwischen Verzweiflung und Gewissheit – auch nur eine Eingebung!

Lasst uns diese kostbare Eingebung innig lieben.

Nur sie ist im Leben von Vorteil – nur diese Eingebung!

Omar Khayyam

In Assuan dient der Nil noch immer dem Warentransport, auch wenn die Feluken hauptsächlich für den Tourismus eingesetzt werden. Ägypten

11. September

Das Gesetz ist nicht die Wahrheit! Nicht die einzige Wahrheit. Die Wahrheit ist vielfältig, da die Gesellschaft vielfältig ist. Marc-Alain Ouaknin

Bäuerliche Szene in der Umgebung von Taiz, Jemen

12. September

Wer dich achtet, achtet mich.
Wer dich verachtet, verachtet mich.
Wer dich erniedrigt, erniedrigt sich.

Ibn al-Arabî

Der Hafen von Agadir, erster Sardinenfischereihafen Marokkos

13. September

Zeig dich, wie du bist, oder sei, wie du dich gibst. Dschalal ad-Din ar-Rumi

Taher Al Hawaigi ist Hausmeister eines traditionellen Hauses, in dem Teile des Films »Erotische Geschichten aus 1001 Nacht« von Pier Paolo Pasolini gedreht wurden. Jemen

14. September

Was du nicht willst, dass man dir tu, das füg auch keinem andern zu – das ist der ganze Sinn der Thora. Der Rest ist bloßer Kommentar. Prüfe es selbst! Hillel der Ältere

Der Kopf stellt vermutlich König Schabataka dar, den Sohn des berühmten Pianchi aus der kuschitischen Dynastie. Ägypten

15. September

Entfernt sich ein Wassertropfen vom Ozean, wird er sicher wieder dorthin zurückkehren.

Ahmad Mohammed Rami

Der Gabronsee in der Sahara bei Ubari, der letzten Oase im Wadi Adjal, Libyen
FOLGENDE DOPPELSEITE: Ein junger Fischer im Hafen von Hudaydah am Roten Meer, Jemen

16. September

Nur der ist weise, der glücklich ist. Heiliger Augustinus

17. September

Missachte keinen Menschen, und verachte kein Ding, denn es hat jeder Mensch seine Sternstunde und jedes Ding seinen Platz. Rabbi Ben Asai

Ein von frischem Fisch gesättigtes Kätzchen schläft auf einem Fischernetz im Hafen von Agadir. Marokko

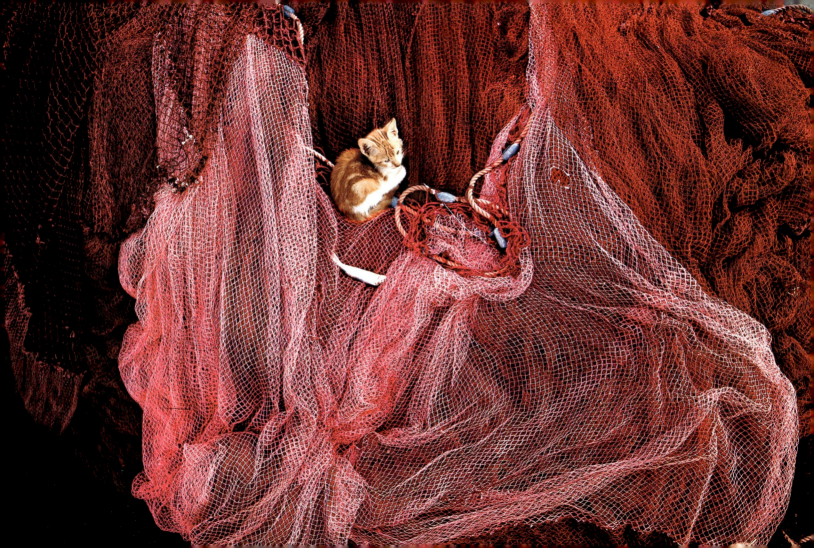

18. September

Auf globaler Ebene sollte ebenso wie in jeder Gesellschaft für das menschliche Zusammenleben gelten, dass niemand derart lächerlich gemacht oder abschätzig behandelt, verspottet oder »verteufelt« werden darf, dass er sich seiner Religion oder seiner Hautfarbe, seiner Sprache oder seines Namens oder eines anderen wesentlichen Teils seiner Identität schämen muss. Amin Maalouf

Eine junge Frau bei der Arbeit in einer Weberei in Zabid, Jemen

19. September

Es ist der andere, der mich durch seine Rede infrage stellt, mich aufmuntert, mich am Altwerden hindert.

Marc-Alain Ouaknin

Auf dem Sonntagsmarkt von Taiz, Jemen

20. September

Ebenso wird der Schnee in eurem Herzensfrühling schmelzen, und bächeweise wird euer Geheimnis dem Lebensfluss im Tal zuströmen. Der Fluss wird es empfangen und zum grenzenlosen Meer bringen. Wenn der Frühling kommt, werden alle Dinge schmelzen und zu Liedern. Khalil Gibran

Auf dem Weg von Kaschgar nach Tashkorgan zwischen China, Afghanistan und Pakistan, im Herzen Zentralasiens

21. September

Eine Wurzel ist kein Zweig, sie ist eine Sache, der Zweig eine andere. Dennoch sind sie keine Gegensätze, sondern stellen lediglich jeweils einen anderen Aspekt dar. Abû Hayyân al-Tawhîdî

Im Majorelle-Garten in Marrakesch, Marokko

22. September

Wer möchte schon gern ein Schilfrohr bleiben, still und stumm, wenn alles andere einhellig singt?

Khalil Gibran

Im Hafen von Hudaydah an der Küste des Roten Meeres werden Fischerboote repariert. Jemen

23. September

Ich bin eine Kerze, die an einer anderen Kerze Feuer fängt.

Rabbi Akiba Ben Josef

Ostergebet in der Grabeskirche in der Altstadt von Jerusalem

24. September

Das Abbild der Morgensonne in einem Tautropfen ist nichts weniger als die Sonne, und die Widerspiegelung des Lebens in eurer Seele ist nichts weniger als das Leben. Khalil Gibran

Die zehnjährige Amman in Ghadames, Libyen

25. September

Beim Gewitter, wenn der Sturm mächtig am Wald rüttelt und Blitz und Donner die Erhabenheit des Himmels verkünden – dann lasst euer Herz ehrfürchtig sprechen: »Gott schafft im Zorn.« Khalil Gibran

Ben Reiiyan ist ein typisches Bergdorf im Haraz-Gebirge. Jemen

26. September

Die Rede des anderen sollte uns zu neuen Einsichten in unvorhergesehene Standpunkte führen, durch die unsere Vorurteile erschüttert werden. Marc-Alain Ouaknin

Der 20-jährige Mohammed Nasar ist Fischer in Hudaydah an der jemenitischen Küste.

27. September

Wie ein Blatt nicht von allein gelb wird, sondern durch das Einverständnis des ganzen Baumes, so kann der Übeltäter das Übel nicht tun, ohne den verborgenen Willen von euch allen. Khalil Gibran

Fischerboote im Hafen von Essaouira an der Atlantikküste, Marokko

28. September

Der Talmud ist, über Tausende Seiten hinweg, ein Plädoyer für den Menschen, für die Anerkennung der Würde des anderen Menschen in seiner Besonderheit, in seiner unendlichen Verschiedenheit.

Marc-Alain Ouaknin

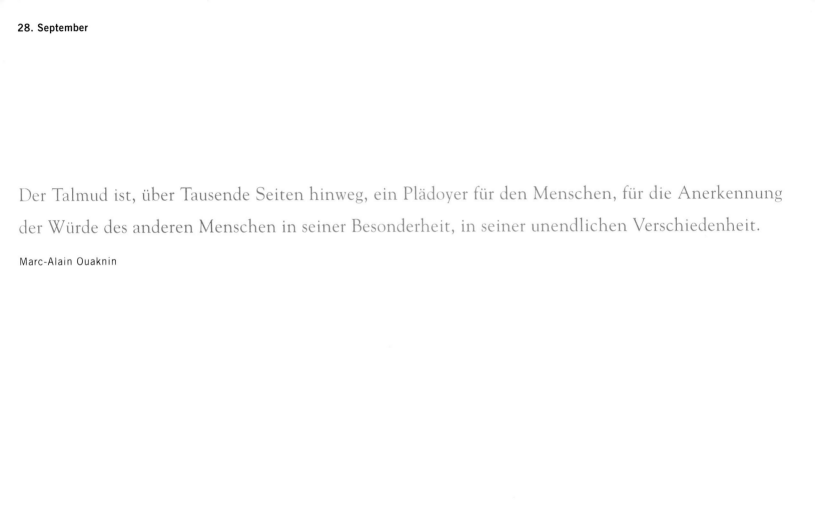

Gaotah, eine 16-jährige Targia, während des jährlichen Festivals in Ghadames, auf dem die Berber- und Tuaregfamilien ihre Traditionen wieder aufleben lassen, Libyen

29. September

Was ist Reinheit? Sie ist die Barmherzigkeit des Herzens gegenüber der ganzen Natur […] Und was bedeutet Barmherzigkeit? Sie ist eine zur ganzen Schöpfung entflammte Liebe – zu den Menschen, den Vögeln, den Vierfüßlern, den Dämonen, zu allem, was existiert.

Dem Menschen kommen im Gedanken an sie die Tränen, da sein Herz von tiefem Mitgefühl überwältigt wird, welches ihm nicht mehr gestattet, auch nur die Aussicht zu tolerieren, dass irgendeiner Kreatur etwas zuleide getan wird.

Isaak der Syrer

30. September

Meine Barmherzigkeit aber soll alle Dinge umfassen. Koran 7,158

1. Oktober

Gibt es denn ein Ziel dieser Reise, o Weiser? Gibt es ein umfassendes Wissen, welches das Herz des Menschen erlangen kann? Gibt es in diesem unaufhörlichen Wandel der Wesen und Dinge einen Heimathafen? Eine unumstößliche Wahrheit? Faouzi Skali

Karawane in der Sahara in der Nähe des Gabronsees bei Ubari, der letzten Oase im Wadi Adjal, Libyen

2. Oktober

Es ist der andere, der es mir erlaubt, das Wort »Kindheit« großzuschreiben: als ein Erwachen im Herzen des Selbst, als ein Erwachen aus dem Zwiespalt. Marc-Alain Ouaknin

Der zehnjährige Bayan auf dem Weg zur Schule in Zabid, Jemen

3. Oktober

Mäßigen wir unser Urteil! Lasst uns nichts verdammen und nichts übereilt behaupten. Denn die Wirklichkeit, die wir beurteilen, ist nicht von Dauer. Das Unglück des Menschen besteht darin, dass er überstürzt urteilt. Er verdammt sich und andere, indem er an Wahrheiten festhält, die vergänglich sind. Cheikh Khaled Bentounès

Die uigurische Stadt Kaschgar in China besitzt den größten Markt Zentralasiens.

4. Oktober

Sucht stets das Gute im anderen. Richtet euer Augenmerk auf seinen positiven Kern, durch dieses helle Licht seht den Sünder und verwandelt ihn zum Heiligen. Rabbi Nachman von Bratslav

Die Ben-Youssef-Madrasa, eine alte Koranschule, liegt inmitten der Altstadt von Marrakesch. Marokko

5. Oktober

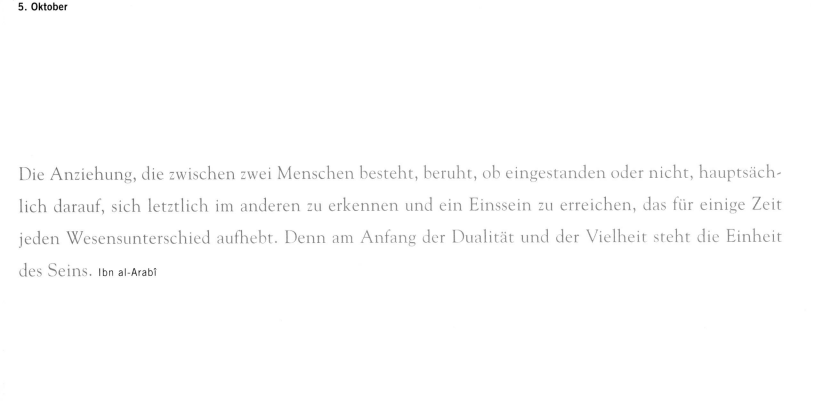

Die Anziehung, die zwischen zwei Menschen besteht, beruht, ob eingestanden oder nicht, hauptsächlich darauf, sich letztlich im anderen zu erkennen und ein Einssein zu erreichen, das für einige Zeit jeden Wesensunterschied aufhebt. Denn am Anfang der Dualität und der Vielheit steht die Einheit des Seins. Ibn al-Arabî

Die Kuppel der Masjed-e Imam (Freitagsmoschee) in Isfahan, eine der schönsten Moscheen der Welt, Iran

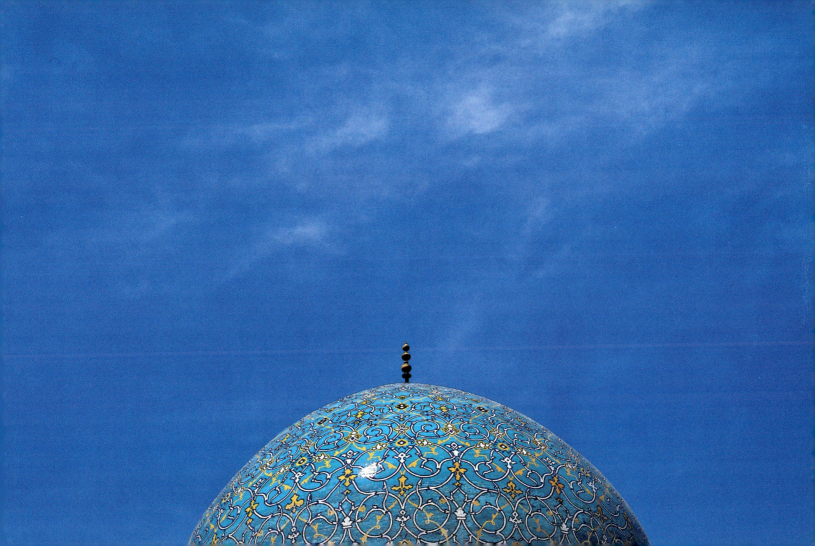

6. Oktober

Ich denke nicht, dass es zwischen dem Islam und dem Terrorismus eine Verbindung gibt. Der Terrorismus beruht auf der Zurückweisung der Meinung des anderen, wohingegen der Islam eine Religion der Freiheit ist. Ein Terrorist setzt sich über den Islam hinweg. Nagib Machfus

Im Hafen von Hudaydah an der Küste des Roten Meeres verkauft ein alter Fischer seinen mageren Fang.

7. Oktober

Und gaben von ihrem Vermögen dem Bittenden das ihm Nötige und auch dem, welchem Scham bitten verwehrt. Koran 51,20

Palmenhain im marokkanischen Teil des Atlasgebirges

8. Oktober

Sobald ich meine Schwächen erkenne, korrigiere ich sie. Denn wenn ich sie ignoriere oder als Qualitäten betrachte, werden sie schaden. Cheikh Khaled Bentounès

Die Jungen lernen in der Madrasa von Ghadames, der Koranschule in der Altstadt. Libyen

9. Oktober

Es genügt die Selbsterkenntnis, um sich außerstande zu sehen, den Verfolger vom Verfolgten, den Schuldigen vom Unschuldigen zu unterscheiden. Mitten im Leben angekommen, stellt der Mensch fest, dass er »nicht höher steht als ein Verbrecher, noch weniger edel ist als ein Prophet«. Khalil Gibran

Ein Getreidehändler raucht seine Wasserpfeife, während er auf Kunden wartet. Jemen

10. Oktober

Komm, komm, komm … wer du auch sein magst, komm!

Komm, auch wenn du ungläubig bist, abergläubisch oder heidnisch,

unser Kloster ist kein Ort der Verzweiflung;

auch wenn du schon hundertmal deinen Eid gebrochen hast, komm!

Dschalal ad-Din ar-Rumi

Ghadames, die »Perle der Wüste«, gehört zum Kulturerbe der Berber und ist eine der ältesten Oasenstädte der Sahara. Libyen

11. Oktober

Ihr könnt den Ton der Trommel ersticken und die Saiten der Laute losmachen, aber wer könnte der Lerche das Singen verbieten? Khalil Gibran

Durch ihre Abgeschiedenheit im Himalaja waren die Hunzatäler jahrhundertelang geschützt. Pakistan

12. Oktober

Häufiger noch ist der Verurteilte der Lastträger für die Schuldlosen und Tadellosen.

Der Gerechte lässt sich nicht vom Ungerechten trennen und der Gute nicht vom Bösen;

denn sie stehen gemeinsam vor dem Angesicht der Sonne, so als sei ein schwarzer mit einem weißen

Faden verwoben.

Und wenn der schwarze Faden reißt, untersucht der Weber das ganze Tuch,

und er wird auch den Webstuhl überprüfen.

Khalil Gibran

In der Altstadt von Jerusalem stellt ein palästinensischer Arbeiter hinter der Grabeskirche die Kreuze zusammen, die von den Osterpilgern auf dem Kreuzweg getragen werden.

13. Oktober

In unserer Einsamkeit suchen wir einander, und solange wir keine Feuerstelle haben, an der wir sitzen können, streifen wir umher. Khalil Gibran

Ein einzelner Gläubiger nach dem Gemeinschaftsgebet am Ende des Ramadan in Essaouira, Marokko
FOLGENDE DOPPELSEITE: Junger Toubouhirte im Ennedi-Massiv, Tschad

14. Oktober

Der Mensch ist Gott im Entstehen.
Und zwischen unserer Freude und unserem Leid
liegen unser Schlaf und das Träumen davon.

Khalil Gibran

Am Brunnen in der Oase von Ghadames, Libyen

Ihr arbeitet, um mit der Erde und der Seele der Erde Schritt zu halten. Khalil Gibran

15. Oktober

16. Oktober

Seid nicht widerspenstig, denn sonst werdet ihr kleinmütig, und der Sieg ist für euch verloren. Koran 8,47

In 114 Zellen beherbergt die alte Speicherburg in Qasr al Hadj Getreide, Ölkrüge und verschiedenes Ackergerät der Familien des Dorfes.
Die Anzahl der Zellen entspricht der Kapitelzahl des Koran. Libyen

17. Oktober

Liebt einander, so wie ich euch geliebt habe. Johannesevangelium 15,12

Die Fresken und Mosaiken in der Erlöserkirche des Choraklosters (Kariye Müzesi) in Istanbul gehören zu den schönsten aus byzantinischer Zeit. Türkei

18. Oktober

O Freund, lass das Forschen

im Warum und Wieso.

Hör auf, am Seelenrad zu drehen.

Auch dort, wo du dich befindest,

in diesem Augenblick, ist dir alles

in größter Vollkommenheit gegeben.

Nimm dieses Geschenk an.

Presse den Saft des gegenwärtigen Augenblicks.

Faouzi Skali

Ein junger Targi in der libyschen Sahara

19. Oktober

Der Eckpfeiler des Tempels ist nicht stärker als der schwächste Stein in seinem Fundament. Khalil Gibran

Die Madrasa Ben-Youssef inmitten der Altstadt von Marrakesch, Marokko

20. Oktober

Demut beruht auch auf der Erkenntnis, dass uns jede Kreatur im Universum etwas beibringen kann, was wir nicht kennen. Dschalal ad-Din ar-Rumi

Der Hafen von Essaouira an der Atlantikküste ist morgens bei der Ankunft der Fischer belebt. Marokko
FOLGENDE DOPPELSEITE: Ben Reiiyan ist ein typisches Bergdorf im Haraz-Gebirge. Jemen

21. Oktober

Hör auf das, was der Augenblick sagt: »Wo befindest du dich momentan auf dieser langen Reise?«

Faouzi Skali

22. Oktober

Ein Heiliger hat einmal bei seiner Meditation, als er von Liebe und Mitgefühl überfloss, ausgerufen: »Mein Gott, rette alle meine Schüler!« Da antwortete ihm eine himmlische Stimme: »Und all die anderen habe ich wohl nicht erschaffen?« Faouzi Skali

Die Keramikkuppel im Gebetssaal der Madrasa Chahar Bagh in Isfahan, Iran

23. Oktober

»Wir glauben an Allah und an das, was er uns und was er Abraham und Ismael und Isaak und Jakob und den Stämmen offenbarte, und an das, was Moses, Jesus und den (anderen) Propheten von ihrem Herrn gegeben wurde. Wir kennen unter diesen keinen Unterschied. Wir bleiben Allah ergeben.«

Koran 2,137

Religiöse Feier in der Jerusalemer Grabeskirche am Salbungsstein, auf dem Jesu Leichnam vor der Grabbeilegung einbalsamiert worden ist

24. Oktober

In der Wüste, wo er wohnte, traf ich einen Menschen an;

Ohne Gott und Glauben war er, ohne Hab und ohne Gut,

Kein Gesetz für sich erkennend, Ketzer nicht noch Muselman –

Ist in dieser Welt und jener einer wohl von gleichem Mut?

Omar Khayyam

In der Sahararegion des Erg Ubari, Libyen

25. Oktober

Ich habe die Rose gefragt: »Wem hast du diese Schönheit gestohlen?«
Sie lächelte leise, voller Scham, und sagte nichts.

Dschalal ad-Din ar-Rumi

Eine junge Berberin auf dem Festival in Ghadames, Libyen

26. Oktober

Wie soll ich beides sein, da ich doch der Mondschein bin? Dschalal ad-Din ar-Rumi

Der Mond im letzten Licht der untergehenden Sonne an der marokkanischen Atlantikküste

27. Oktober

Pfeift eine Gesellschaft auf ihre Jugend, gleicht sie einem Altenheim. Pfeift sie auf ihre Alten, gleicht sie einem Waisenhaus. Glücklich die Jungen, die sich die Weisheit des Alters zum Vorbild nehmen. Glücklich die Alten, denen die Begeisterung der Jugend Mut macht. Jüdische Maxime

Ein Einwohner erzählt die Geschichte des alten Ghadames, einer der ältesten Oasenstädte der Sahara, Libyen

Kuppel der Masjed-e Imam (Freitagsmoschee), einer der schönsten Moscheen der Welt, Iran

Die Wahrheit ist ein Spiegel, der aus der Hand Gottes gefallen und zerbrochen ist. Jeder hebt einen Splitter auf und meint, darin sei die ganze Wahrheit enthalten. Arabisches Sprichwort

28. Oktober

29. Oktober

Manchmal muss man schweigen, damit auf einen gehört wird. Stanislaw Jerzy Lec

Die 19-jährige Targia Fatima während des jährlichen Festivals in Ghadames, auf dem die Berber- und Tuaregfamilien ihre Traditionen wieder aufleben lassen, Libyen

30. Oktober

Jeder sollte in das, was er für seine Identität hält, eine neue Komponente einschließen können, die im Lauf des neuen Jahrhunderts, des neuen Jahrtausends von wachsender Bedeutung sein wird: das Gefühl, auch am menschlichen Abenteuer teilzunehmen. Amin Maalouf

Dünen in Fezzan südlich von Ghat, Libyen

31. Oktober

Es gibt heute kein einziges Land mehr, das es sich leisten könnte, nicht ernsthaft über Möglichkeiten des Zusammenlebens verschiedener Bevölkerungsgruppen nachzudenken, seien diese nun lokaler Herkunft oder immigriert. Spannungen herrschen überall, die besser oder schlechter im Zaum gehalten werden und grundsätzlich die Tendenz haben zu eskalieren. Amin Maalouf

Zwei palästinensische Freunde ruhen sich in der Altstadt von Jerusalem aus.

1. November

Richte dein Augenmerk auf deine Grenzen, und du wirst das Grenzenlose erkennen. Faouzi Skali

Das Kloster Ed-Deir in Petra stammt aus dem 1. Jahrhundert und war eine Grabstätte, bevor es Christen als Zufluchtsort diente. Jordanien

2. November

Der Orient und der Okzident sind existent. Doch was Gott betrifft, so lässt er sich nicht vereinnahmen. Er gehört weder ausschließlich hierhin, noch ausschließlich dorthin. Die Begriffe sind kein Widerspruch, sie helfen dem Menschen, die Einheit der Welt in ihrer Vielfalt zu begreifen. Wir sollten ein Verständnis dieser Gegensätzlichkeiten anstreben, ohne sie gegeneinander auszuspielen.

Cheikh Khaled Bentounès

Das Hotel Zumit war in ottomanischer Zeit Treffpunkt der Kaufleute, die mit Lebensmitteln und anderen Waren aus Europa oder der südlichen Sahara handelten. Libyen

3. November

Wenn eine Gesellschaft die Moderne nur als einen »aufgedrückten Stempel« betrachtet, neigt sie dazu, diese abzulehnen und sich vor ihr zu schützen. Amin Maalouf

Eine junge Frau posiert schüchtern in einer Weberei in Zabid. Jemen
FOLGENDE DOPPELSEITE: Im Ennedi-Massiv im Süden der Sahara, Tschad

4. November

Das Gewissen ist nicht dazu da, das zurückzuweisen, was wir für schlecht halten. Es ist dazu da, das Schlechte zu überwinden.

Cheikh Khaled Bentounès

5. November

Für alles Unangenehme, das einem widerfährt, sollte man dem Himmel genauso dankbar sein wie für alles Angenehme. Rabbi Akiba Ben Josef

Das Bollwerk an der marokkanischen Atlantikküste schützte die Stadt und den Hafen von Essaouira.

6. November

Dank der aufrichtigen Reue eines einzigen Menschen ist der ganzen Welt vergeben. Rabbi Meir

Gebet in der Moschee von Süleyman dem Prächtigen (Süleymaniye Camii), der größten Moschee Istanbuls, Türkei

7. November

Dem sozialen Menschen steht es frei, ob er den Kampf in seinem Innern (seinen großen Dschihad) aufnimmt oder nicht, um sich einem System zu verweigern, das er für unheilvoll hält, um einen Weg der Heiterkeit, des Friedens, der Toleranz und der Brüderlichkeit einzuschlagen, im Einklang mit der Natur und der Befriedigung seiner Bedürfnisse. Er kann dies durch eine gezielte Entwicklung erreichen, durch eine Technik, die in den Dienst des Allgemeinwohls gestellt wird, durch eine Wissenschaft, die nicht dem Profit verpflichtet ist, sondern auf ethischen Grundsätzen beruht.

Cheikh Khaled Bentounès

Dromedare kommen zum Trinken in die Guelta Archai im Süden der Sahara. Tschad

8. November

Reue ist wichtig: Sie vermag aus der Schuld heraus- und auf den rechten Weg zurückzuführen.

Rabbi Jochanan Ben Sakkai

Dromedare in der südlichen Sahara, Tschad

9. November

Jeder festgefügten Form droht der Zerfall. Jede Bedrohung ruft Hass und Zorn hervor. Um den Hass zu überwinden, muss man zum Ursprung aller Formen gehen, an den geheimen Ort, wo die Liebe sprießt. Dort, o Freund, entspringt der göttliche Funke. Faouzi Skali

Karawane in der Sahara am Ufer des Gabronsees bei Ubari, Libyen

10. November

Ließe sich Freiheit mit Waffen verteidigen und Gleichheit mit Gesetzen, könnte die Brüderlichkeit im Herzen des Menschen nicht überleben und nicht wachsen. Cheikh Khaled Bentounès

Die zwölfjährige Isalor Najja in Ghadames, Libyen
FOLGENDE DOPPELSEITE: Der See Um Al Ma in der Sahara bei Ubari, der letzten Oase im Wadi Adjal, in der die Daouadas ansässig sind, Libyen

Wisse, dass die Welt eine zweifache ist: eine geistige Welt und eine körperliche Welt. al-Ghazali

11. November

12. November

Wer Gott mittels logischer Beweise sucht,
gleicht jemand, der mit einer Lampe in der Hand die Sonne sucht.

Sufiweisheit

Hinter den Mauern des koptischen Klosters St. Antonius, Ägypten

13. November

Sei achtsam mit deinen Blicken, damit du keinem Irrtum erliegst, damit in dir selbst derjenige, der sieht, und derjenige, der gesehen wird, nur einer sind.

Dschalal ad-Din ar-Rumi

Die zwölfjährige Safaa Gamal ist nubischer Herkunft und wohnt mit ihrer Familie am Ufer des Nils. Ägypten

14. November

Wenn ihr betet, erhebt ihr euch in die Atmosphäre und trefft jene, die zur selben Zeit beten und denen ihr vielleicht nur im Gebet begegnet. Khalil Gibran

Die Westmauer wird von den Juden wegen ihrer Nähe zum Allerheiligsten verehrt, der auf dem Tempelberg gelegenen heiligsten Stätte des Judentums.

15. November

Was sind die Zeichen Gottes?

Der Koran?

Die Prophetie?

Die Schöpfung?

Der Mensch?

Was auch immer unseren Glauben ausmacht?

Cheikh Khaled Bentounès

Biwak am Ufer des Gabronsees bei Ubari, der letzten Oase im Wadi Adjal, Libyen

16. November

Dieses Wort, das dir die ganze Welt erschließt,

sag es mir.

Und den Vögeln und den Bäumen und den Menschen.

Sag es immer wieder:

Liebe ist ein Segen und kein Fehler.

Morsi Gamil Aziz

Während eines dreitägigen Festivals lassen die Berber- und Tuaregfamilien in Ghadames ihre Traditionen wieder aufleben. Libyen

17. November

Ich bin weder Christ noch Jude noch Muslim.

Ich gehöre weder zum Orient noch zum Okzident noch zur Erde noch zum Meer …

Das Ortlose ist mein Ort,

das Spurlose meine Spur …

Ich habe die Dualität hinter mir gelassen,

ich habe erkannt, dass beide Welten eines sind;

ich strebe nach dem Einen, ich erkenne das Eine, ich schaue das Eine, ich rufe das Eine an.

Eines ist der Anfang, das Ende, das Außen und das Innen.

Dschalal ad-Din ar-Rumi

Die 537 in Istanbul eingeweihte Hagia Sophia – hier ist ein Schmuckelement zu sehen – war das größte Bauwerk der Christenheit, bevor sie 1453 in eine Moschee und schließlich in ein Museum umgewandelt wurde. Türkei
FOLGENDE DOPPELSEITE: Auf dem Pilgerweg zur Grotte, wo der heilige Antonius als erster christlicher Mönch bis zu seinem Tod 356 als Eremit lebte, Ägypten

18. November

Lasst uns nicht den fundamentalen Irrtum begehen, zu sagen oder zu glauben, dass zu Jesus das Christentum, zu Moses das Judentum und zu Mohammed der Islam gehört.

Cheikh Khaled Bentounès

19. November

Lasst Lachen und geteilte Freude die Süße eurer Freundschaft sein.

Denn im Tau der Kleinigkeiten findet das Herz seinen Morgen und wird erfrischt.

Khalil Gibran

Ein altes kasachisches Paar im Hohen Altai erinnert sich an vergangene Zeiten. Mongolei

20. November

»Wen möchtest du zum Freund haben?«

»Den, der mich hält, wenn ich stolpere, der mich auf den rechten Weg zurückbringt, wenn ich davon abgekommen bin, der mir vorangeht, wenn ich mich verirrt habe, und der mich stets so akzeptiert, wie ich bin, ganz gleich, was kommt.«

Abû Hayyân al-Tawhîdî

Im Isistempel auf der Insel Philae, Ägypten

21. November

Die Liebkosung weiß nicht Bescheid, sondern ist eine Erfahrung, eine Begegnung.

Die Liebkosung beruht auf keinen Kenntnissen, sondern auf der Achtung des Seins.

Die Liebkosung verkörpert weder Macht noch Gewalt, sondern Zärtlichkeit.

Marc-Alain Ouaknin

Drei Freunde während des jährlichen Festivals in Ghadames, Libyen

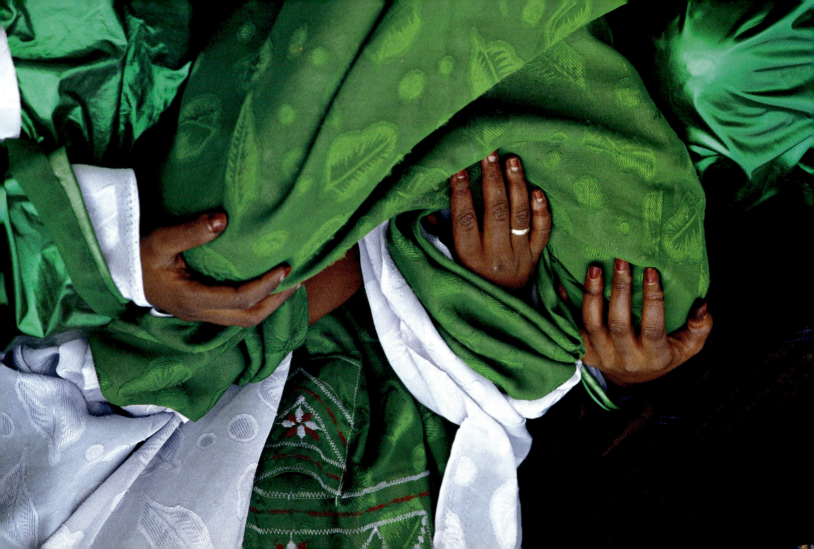

22. November

Gottes Liebe und die der Menschen erweisen ihren Wert, indem sie trotz der Krisen und Unbilden des Alltags Bestand haben: Tag für Tag, von morgens bis abends. Rabbi Jochanan Ben Sakkai

Sandsturm in den Dünenfeldern bei Ubari

23. November

Was wahre Menschliebe ist, habe ich von einem Bauern erfahren: seinen Nächsten zu lieben heißt, sich in dessen Bedürfnisse hineinzuversetzen und Geduld mit dessen Leid zu haben.

Rabbi Mosche Löb von Sassow

Der 20-jährige Youssef auf dem Markt von Beit al-Faqih, Jemen

24. November

Der Nil fließt … es streckt sich der Nil,

seine Wellen möchten einander fangen

und sich beschweren über die lange Wartezeit,

jetzt hat sich eine Brise genähert, und sie umarmen sich nach langer Zeit.

Vollkommen ist das Liebesglück: Jede Welle hat ihr Gegenüber gefunden.

Ahmad Mohammed Rami, gesungen von Umm Kulthum

In Assuan dient der Nil noch immer dem Warentransport, auch wenn die Feluken hauptsächlich für den Tourismus eingesetzt werden. Ägypten
FOLGENDE DOPPELSEITE: Der Fischereihafen von Essaouira ist auch für seine Möwen bekannt, die mit dem Wind spielen. Marokko

25. November

Die Erkenntnis hat zwei Flügel, die Meinung nur einen. Die Meinung ist fehlerhaft, und ihr Flug ist kurz. Dschalal ad-Din ar-Rumi

26. November

In jungen Jahren versteht man sich auf das Reden, und im Alter auf das Schweigen. Und das ist der Fehler des Menschen: Er versteht sich früher auf das Sprechen als auf das Schweigen.

Rabbi Nachman von Bratslav

In der Altstadt von Jerusalem besuchen Schulkinder den Felsendom, die drittheiligste Stätte des Islam.

27. November

Es wäre katastrophal, wenn die gegenwärtige Globalisierung tatsächlich einer Einbahnstraße gleichkäme, wo es auf der einen Seite nur »die Sender«, auf der anderen Seite nur »die Empfänger« gibt; wo es heißt: hier »die Norm«, dort »die Ausnahmen«; hier diejenigen, die davon überzeugt sind, dass der Rest der Welt sie nicht verstehen kann; dort diejenigen, denen eingeredet wurde, dass die Welt nie auf sie hören wird. Amin Maalouf

1461 im alten Istanbul erbaut, war der Große Basar jahrhundertelang der größte überdachte Markt der Welt. Türkei

28. November

Es ist die Verbesserung der Lebensqualität der Ärmsten, worin Wachstum begründet ist oder sein sollte.

Muhammad Yunus

Im Hafen von Hudaydah an der Küste des Roten Meeres, Jemen

29. November

Die beschleunigte Globalisierung hat einen zunehmenden Identitätsbedarf zur Folge. Außerdem macht sie – bedingt durch die Existenzängste, die die immer unsicherer werdenden Lebensumstände mit sich bringen – die Sinnfrage dringlicher. Beide Bedürfnisse lassen sich nur durch eine religiöse Haltung, oder zumindest durch die Absicht dazu, befriedigen. Amin Maalouf

Das an der Atlantikküste gelegene Agadir ist der erste Sardinenfischereihafen Marokkos.

30. November

Bald scheint die Sonne Seiner Eigenschaften

auf die Nacht deiner Existenz,

Bald entzieht Er sich dir

und weist dich in deine Grenzen.

Der Tag stammt nicht von dir,

sondern wird von dir zurückgeworfen.

Faouzi Skali

Ein Mann ruht am Ausgang einer Moschee in der Altstadt von Sanaa. Jemen

1. Dezember

Meine Freiheit hört nicht dort auf, wo die des anderen anfängt. Sie beginnt dort, wo die Freiheit des anderen anfängt, in Erfüllung zu gehen. Marc-Alain Ouaknin

Während des Festivals in Ghat feuern die Frauen die Kameltreiber bei einem Rennen an. Libyen

Haifischverkauf in der Morgendämmerung im Hafen von Hudaydah, Jemen

Denn das Gesetz, das mir dich ausgeliefert hat, wird mich in eine mächtigere Hand ausliefern.

Khalil Gibran

2. Dezember

Die Madrasa Ben-Youssef, eine alte Koranschule, liegt inmitten der Altstadt von Marrakesch, Marokko

Der ist ein Held, der Idole zerstört, und das Idol eines jeden Menschen ist das Ego. Ibn al-Arabī

3. Dezember

4. Dezember

Mein Freund, die Wirklichkeit, die du kennst, gleicht den Schaumkronen auf den Meereswellen. Doch der Ozean des Seins hat weder Grund noch Ufer. Es steht in seiner Macht, die Geschöpfe jeden Moment aus ihrem Nichts hervorgehen zu lassen. Durch sein beständiges Geben haben sie in den Schaumkronen der Tage Bestand. Bis zu dem Tag, wo er ihre Rückkehr will. Faouzi Skali

Ein Fischer an der Atlantikküste in der Dschellaba, dem traditionellen marokkanischen Gewand, Marokko

5. Dezember

Was Gott zur Rose gesagt hat und was ihre Schönheit zur Entfaltung brachte,

das hat er auch meinem Herzen gesagt und es hundertmal schöner gemacht.

Dschalal ad-Din ar-Rumi

Die achtjährige Fatima im Dorf Al Hajjarah im Haraz-Gebirge, Jemen

6. Dezember

Mein hierher Versetztsein ist es, das die Himmel aufklaren muss?

Oder vergrößert es ihre Erhabenheit, wenn ich später heimfahren muss?

Denn ich habe bislang noch von keinem erfahren,

weshalb ich hergekommen und warum ich diese Welt verlassen muss.

Omar Khayyam

Dromedare kommen zum Trinken in die Guelta Archai im Süden der Sahara. Tschad

7. Dezember

Die Wahrheit deines Seins, o Freund, ist nur ein Bruchstück der unendlichen Wahrheit. Wer sich der Wahrheit seines eigenen Seins öffnet, erkennt auch die Wahrheit der Welt. Der Wassertropfen entdeckt den Ozean wieder und die Welle das Meer. Faouzi Skali

Die Ruhe und Schönheit des Fischereihafens von Essaouira an der Atlantikküste diente zahlreichen Künstlern als Inspiration. Marokko

8. Dezember

Es ist die Schneeflocke in euch, die dem Meer zuläuft. Khalil Gibran

Junge Berberin in Ghadames, Libyen

9. Dezember

Wo du auch sein magst und in welcher Situation du dich auch befindest, versuche immer ein Liebender zu sein und ein leidenschaftlicher Liebender. Dschalal ad-Din ar-Rumi

Mosaiken am Eingang zum Basar von Isfahan, einem der authentischsten Märkte des Iran
FOLGENDE DOPPELSEITE: In den Dünenfeldern bei Ubari, der letzten Oase im Wadi Adjal, Libyen

Sein Wesen erschließt sich nur dann, »wenn der verschwindet, der niemals gewesen ist, und nur der da ist, der niemals aufgehört hat zu sein«. Ibn al-Arabī

10. Dezember

11. Dezember

Der Weg ist nicht weit: Geh nur einen Schritt über dich selbst hinaus, um bei Gott anzukommen.

Dschalal ad-Din ar-Rumi

Ein Fischer in Hudaydah an der Küste des Roten Meeres, Jemen

12. Dezember

Wir finden, die Welt sei heute grenzenloser und vielseitiger als je zuvor. In Wirklichkeit ist sie armseliger. Eine Welt, die keine Gegenwart Gottes zulässt, ist eine Welt, die auch kein menschliches Gegenüber duldet. **Marc-Alain Ouaknin**

Die Masjed-e Imam in Isfahan, eine der schönsten Moscheen der Welt, Iran

13. Dezember

Wie du mich gemacht hast, bin ich! Schon so lange ich lebe,

Bist du mir huldreich; hundert Jahre währte meines Daseins Frist,

Und noch hundert weitere Jahre möchte ich leben, um zu sehen,

Ob mein Maß von Sünden oder dein Erbarmen größer ist.

Omar Khayyam

Während des Festivals in Ghadames besinnen sich die Berber- und Tuaregfamilien auf ihre Traditionen. Libyen

14. Dezember

Fünfzehn Milliarden Jahre sind nur ein Atemzug in der göttlichen Schöpfung. Cheikh Khaled Bentounès

Abenddämmerung mit dramatischem Himmel bei großer Hitze in der Libyschen Wüste

15. Dezember

Dein Name ist auf meinen Lippen,

dein Bild vor meinen Augen,

deine Erinnerung in meinem Herzen:

Wie könntest du abwesend sein?

Ibn al-Arabî

Während des jährlichen Festivals in Ghadames, Libyen

16. Dezember

Wenn die Hand eines Mannes
die Hand einer Frau berührt,
rühren beide an der Ewigkeit.

Khalil Gibran

In der Medina von Tripolis suchen Frauen einen Hochzeitsschleier aus. Libyen
FOLGENDE DOPPELSEITE: Der Nil bei Assuan, Ägypten

17. Dezember

Lass, o Freund, die Wahrheit deine inneren Ketten sprengen. Überlass dein Schiff ihren Fluten. Richte deine Segel nach ihren Winden aus. Faouzi Skali

18. Dezember

Dort, wo es keine Wahrheit gibt, gibt es keinen Frieden. Rabbi Nachman von Bratslav

Die vollständig verschleierten Bäuerinnen aus Hadramaut tragen die typischen konischen Strohhüte. Jemen

19. Dezember

Schönste, ich schenke dir meine Liebe, und damit die ganze Welt. Morsi Gamil Aziz

Die libanesische Schriftstellerin Alma Fakhre Mecattaf setzt sich für die Würde der Frauen ein.

20. Dezember

Der, der mich hergebracht hat, soll mich heimholen. Dschalal ad-Din ar-Rumi

Das Dadestal zählt zu den schönsten Hochtälern Südmarokkos.

21. Dezember

Nur der kennt Frieden, o Freund, dessen Herz ohne Hass ist. Doch hat er sich im Herzen der Menschen festgesetzt, da sich so das Dasein der Formen behauptet. Faouzi Skali

Der koptische Mönch Pater Luc Ambabul innerhalb der Umfriedung des abgeschiedenen Klosters des heiligen Paulus von Theben, Ägypten

22. Dezember

Was ist das Gesicht Gottes? Es ist das, was du vorfindest: dein Bruder, die ganze Menschheit; es ist das, was dich in immer weiteren Sphären umgibt. Aus dieser physischen und metaphysischen Wirklichkeit schöpft die Menschheit ihren Sinn. Cheikh Khaled Bentounès

In einer kasachischen Jurte in der Mongolei im Massiv des Hohen Altai

23. Dezember

Der Mensch, der es geschafft hat, inneren Frieden zu finden, kann diesen der gesamten Welt bringen.

Rabbi Bunam aus Pzysha

Wassermelonenverkäufer nahe des Mausoleums von Abakh Hoja in der uigurischen Stadt Kaschgar in China, im Herzen Zentralasiens
FOLGENDE DOPPELSEITE: Im Ennedi-Massiv im Süden der Sahara führen die Hirten ihre Dromedare zur Wasserstelle. Tschad

24. Dezember

Alles, was nicht schwer wiegt, solange man weilt, lastet im Moment des Aufbruchs schwer auf einem.

Dschalal ad-Din ar-Rumi

25. Dezember

Gott ist schön und liebt die Schönheit. Ausspruch des Propheten Muhammad

Die sechsjährige Ashar, deren Berberfamilie in Ghadames lebt, Libyen

26. Dezember

Ich bin etwas Erstaunliches

für den, der über mich nachdenkt.

Ich bin der Liebende und der Geliebte.

Es gibt überhaupt keine Dualität.

Al Harrâq

In den grünen Bergen Kirgisiens, im Herzen Zentralasiens

27. Dezember

Du bist die Triebfeder der Seele des Universums, und dein Name ist Liebe. Dschalal ad-Din ar-Rumi

Die Masjed-e Imam (Freitagsmoschee) in Isfahan, eine der schönsten Moscheen der Welt, Iran

28. Dezember

Du bist mein Leben, dessen Morgenröte mit deinem Licht aufsteigt. Ahmad Shafiq Kamel

Die achtjährige Harimna Jakih während des jährlichen Festivals in Ghadames, auf dem die Berber- und Tuaregfamilien ihre Traditionen wieder aufleben lassen, Libyen

29. Dezember

Die Liebe ruft:
Alles! In jedem Augenblick.
Wir brechen zum Himmel auf.
Wirst du uns begleiten?

Dschalal ad-Din ar-Rumi

Der Hafen von Essaouira an der Atlantikküste, Marokko

30. Dezember

Die Worte sind nicht die Hauptsache. Es sind die realen Erlebnisse, die inneren Befindlichkeiten und Bewusstseinszustände, diese inneren Öffnungen, von denen die Worte nichts als entfernte Reflexe sind, Spuren der Reise, Lichtspuren. Faouzi Skali

Fischerboote spiegeln sich im Hafen von Hudaydah an der jemenitischen Küste.
FOLGENDE DOPPELSEITE: Beim Gebet wird der Schöpfer in demütiger Hingabe gelobt und um Vergebung und Unterstützung gebeten.

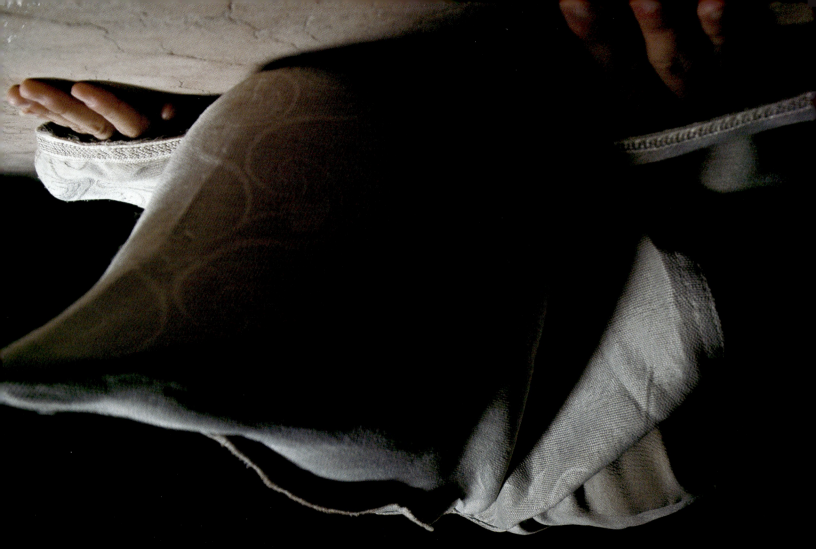

31. Dezember

Die Liebe ist das Weltall, wir sind ein Atom;
sie ist der Ozean, wir sind ein Tropfen.

Dschalal ad-Din ar-Rumi

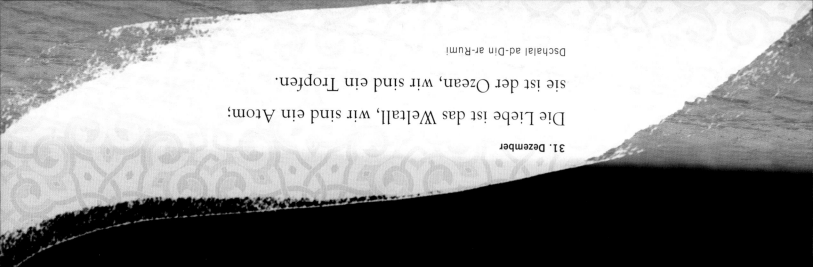

Biografien

Danielle Föllmi entwickelte schon früh ein Interesse für verschiedene Kulturen. Als Fachärztin für Anästhesie und Reanimation beschäftigt sie sich mit der Einheit von Körper, Seele und Geist.

Der international renommierte Fotograf Olivier Föllmi ist weltweit für seine Reportagen unterwegs. Sein hauptsächliches fotografisches Interesse gilt Menschen, die als Boten für eine von Offenheit und Toleranz geprägte Zukunft stehen. Danielle und Olivier Föllmi studieren das geistige Erbe der Menschheit und möchten es weitergeben. In enger Zusammenarbeit verwirklichen sie das groß angelegte Projekt »Weisheit der Menschheit«.

Der Gelehrte, Lehrer, Hirte und Revolutionär Rabbi Akiba Ben Josef (ca. 50–135 n.Chr. [ca. -590– -502 nach der Hidschra, der arabischen Zeitrechnung]) gilt als einer der bedeutendsten Väter des rabbinischen Judentums.

Mohammed Al Harrâq (1772–1845 [1186–1261 n.H.]) war ein marokkanischer Dichter, der die meisten zeitgenössischen großen Sufis des Nahen Ostens gekannt hat. Er verstand es, die großen Strömungen zusammenzubringen, und wurde so zum bedeutenden Wegbereiter des maghrebinischen Sufismus. Mohammed Al Harrâq lebte lange Zeit in Mekka, dem Zentrum der islamischen Welt.

Farid ud-Dîn Attar (ca. 1140–1230 [534–627 n.H.]), einer der berühmtesten Dichter und Sufimystiker Persiens, verfasste den größten Teil seines Werkes in der familieneigenen Apotheke. Auf seinen vielen Reisen begegnete er den großen Mystikern seiner Zeit, darunter auch Rumi. In seinen Schriften zitiert er die Aussprüche und Erfahrungen von 72 Sufiheiligen. Er soll einige Hunderttausend Verse geschrieben haben.

Augustinus von Hippo, genannt der heilige Augustinus (354–430 n.Chr. [ca. -276– -198 n.H.]), geboren in Thagaste (heutiges Algerien), war Philosoph und christlicher

Theologe, katholischer Bischof von Hippo und berberischer Schriftsteller der römischen Spätantike. Er gilt als einer der bedeutendsten lateinischen Kirchenväter und zählt zu den 33 Kirchenlehrern der katholischen Kirche. Nach dem heiligen Paulus wird er als wichtigste Persönlichkeit innerhalb der kirchlichen Entwicklung des Christentums angesehen. Er ist der einzige Kirchenvater, dessen Werk und Lehre eine eigene philosophische Richtung begründet hat, den Augustinismus. Sein Einfluss auf die Kirchengeschichte im Westen ist über die Jahrhunderte immens (Thomas von Aquin, Luther, Calvin, Pascal, Hannah Arendt, Paul Ricœur). Der Augustinismus war für die gesamte Philosophie und Theologie des Mittelalters prägend, bevor er den Stoff für die Debatten während der protestantischen Reformation und des Jansenismus abgab. Seine Auslegungen haben wesentlich zum modernen Freiheits- und Menschenverständnis beigetragen.

Der in der Ukraine geborene, führende Gelehrte Baal Schem Tov (1698–1760 [1110–1174 n. H.]) hat keine schriftlichen Zeugnisse hinterlassen, doch werden ihm einige Werke zugeschrieben. Seine geheimnisvolle Persönlichkeit wurde zur Legende. Dank seiner Schüler, die sich ebenfalls zu bedeutenden Lehrmeistern entwickelten, sind seine mündlichen Lehren überliefert. Baal Schem Tov ist der Begründer des Chassidismus. Er stellte den demokratischen Gedanken in den Vordergrund und widmete sich vor allem den Armen und Ungebildeten.

Elisha Ben Abuya (ca. 70 n. Chr. [-569 n. H.]) ist der berühmteste häretische Jude aus der Zeit des Talmud. Als hervorragender Schüler, der für seine Klugheit, seinen Scharfsinn und seine Gelehrsamkeit bekannt war, brach er mit der jüdischen Tradition, wendete sich von seinem Volk ab und arbeitete mit den Besetzern zusammen. Schließlich kehrte er zu den Schriftgelehrten zurück und debattierte mit ihnen über bestimmte Aspekte des Judentums.

Tahar Ben Jelloun (1944 [1363 n. H.]), geboren in Fes, ist ein marokkanischer Schriftsteller und Dichter. Nach seinen beiden Promotionen in Philosophie und sozialer Psychiatrie schrieb er den Roman *Sohn ihres Vaters*, der ihn berühmt machte. Der Träger zahlreicher angesehener Preise hat auch mehrere pädagogische Werke verfasst, darunter *Papa, was ist ein Fremder?*. Sein Werk wurde in zahlreiche Sprachen übersetzt.

Cheikh Khaled Bentounès (1949 [1368 n. H.]) ist Algerier und entstammt einer Linie von Sufimeistern, die bis auf den Propheten Muhammad zurückgeht. Er bemüht sich um Frieden und

Brüderlichkeit und vertritt kulturelle und soziale Belange in Frankreich und in Algerien.

Die Bibel ist eine vom jüdischen Volk herausgegebene Sammlung heiliger Texte, deren schrittweise Veröffentlichung sich über mehr als ein Jahrtausend erstreckt hat. Die jüdischen und christlichen Religionen schöpfen aus diesen Texten, die ihre Theologie begründen.

Rabbi Bunam aus Pzysha (1763–1827 [1177–1243 n.H.]), auch der heilige Jehudi genannt, stammte aus einer Rabbifamilie und hatte große jüdische Schriftgelehrte als Lehrmeister.

Philippe Yacine Demaison (20. Jahrhundert) engagiert sich für die Jugend in den Pariser Banlieues und ist Mitbegründer der muslimischen Pfadfinderbewegung in Frankreich. Er verfasste mehrere Bücher, darunter *L'Islam dans la cité. Dialogue avec les jeunes musulmans français.*

Yunus Emre (1238–1321 [635–721 n.H.]) war ein islamischer Dichter in ottomanischer Zeit und Zeitgenosse großer Persönlichkeiten wie Dschalal ad-Din ar-Rumi. Er gilt als bedeutender Intellektueller und hat die türkische Kultur durch seine Gedanken

und seine Lebensart bereichert. In seinen Gedichten besingt er seine Liebe zu Gott und den Frieden unter allen Menschen. Emre genießt in der türkisch-islamischen Welt großes Ansehen.

Der ägyptische Dichter **Beram Et-Tunsi** (20. Jahrhundert) verfasste Liedtexte für die im Mittleren Orient sehr populäre Sängerin Umm Kulthum.

Morsi Gamil Aziz (20. Jahrhundert) ist ein bekannter ägyptischer Dichter. Seine Texte wurden neben Muharram Fouad auch von Umm Kulthum interpretiert, die die Religion, die Liebe und die ägyptische Nation besang.

Die Genesis ist das erste Buch der Thora, der hebräischen und christlichen Bibel, die vom Ursprung der Menschheit und der Erschaffung der Welt handelt.

Abu Hamid Muhammad ibn Muhammad al-Ghazâlî (1058–1111 [450–504 n.H.]) war ein islamischer Denker persischen Ursprungs, eine Symbolfigur des Islam und einer der größten Philosophen in der Geschichte der islamischen Welt. Er erwarb den Titel eines »Hodschatoleslam« (»Beweis des Islam«) und genoss als höchstrangiger Lehrer an der renommierten Universität von Bagdad größtes Ansehen. Seine Essays bringen Philosophie und Theologie in Einklang und resümieren die Gedanken der bedeutenden islamischen Philosophen (wie Al Kindi, Rhazès, Al-Farabi und Avicenna).

Khalil Gibran (1883–1931 [1300–1350 n.H.]) zählt zu den großen Dichtern und Malern des Mittleren Ostens. Geboren im Libanon, stammte er aus einer einfachen christlichen Familie maronitischen Glaubens. Gibran studierte Arabisch und Französisch an der Universität La Sagesse in Beirut und interessierte sich für religiöse und moralische Themen. Seine Begeisterung für die Malerei führte ihn nach Paris. Er begann ein Studium an der Académie des Beaux-Arts und lernte Künstler wie Rodin, Debussy, Rostand und Maeterlinck kennen. Später zog er nach New York, wo er den Rest seines Lebens verbrachte. Sein spirituelles Nachschlagewerk *Der Prophet* machte Gibran berühmt. Als engagierter Intellektueller gründete er die literarische Gesellschaft »ar-Rabita al-Qalamiyya«, als deren Präsident er sich auch politisch für die Länder des Mittleren Orients einsetzte.

Hafez-e Schirazi (Hafis) (1325–1389 [725–791 n.H.]), geboren und gestorben in Schiraz, zählt zu den bedeutends-ten und auch im Ausland bekanntesten Verfassern persischer Lyrik. Seine Popularität im Iran ist immens – nahezu jeder kann seine Verse zitieren. Sein Grabmal ist bis heute ein Wallfahrtsort.

Rabbi Hanina Ben Dosa (1.Jahrhundert n.Chr.) gehörte zu den Chassidim, die zur Zeit des Zweiten Tempels gelebt haben.

Hillel der Ältere (zwischen Ende des 1.Jahrhunderts v.Chr. und Anfang des 2.Jahrhunderts n.Chr.), auch Hillel aus Babylonien genannt, war ein Zeitgenosse von Jesus Christus und gilt als der größte Gelehrte aus der Zeit des Zweiten Tempels. Als Vorsitzender des Synhedrions hatte er häufig über Fragen des jüdischen Gesetzes zu entscheiden. Damals kam es zu einem Streit der Gelehrten, der das

Zeitalter der Tannaiten einleitete.

Ibn al-Arabî (1165–1240 [560–637 n.H.]) wurde in Murcia in Andalusien geboren und ist in Damaskus (Syrien) gestorben. Der islamische Philosoph und Mystiker näherte die beiden großen Strömungen des Islam, die exoterische und die esoterische, einander an. Er gilt als der größte Sufimeister, sein umfangreiches Werk wird als Höhepunkt des Sufismus betrachtet. Der Sufismus war eine Mystik der gelebten Wahrheit, eine praktische Mystik der Gottesliebe, bis Ibn al-Arabî eine intellektuelle Dimension hineinbrachte. Er übte großen Einfluss auf die nachfolgenden Denker aus.

Isaak der Syrer (7. Jahrhundert) wurde in Beit'Katraja (dem heutigen Katar) geboren und lebte in einem Gebiet, das der nestorianischen Kirche Mesopotamiens unterstand. Schon früh Mönch, wurde er noch als Jugendlicher um 676 Bischof von Ninive.

Kurze Zeit darauf legte er sein Amt nieder, um Eremit zu werden. Später führte er erneut ein klösterliches Leben auf dem Berg Shoustar (Nordkurdistan). Am bekanntesten sind seine Schriften über christliche Askese, in denen es hauptsächlich um das Mysterium der Gottesliebe und um Christus den Erlöser geht.

Edmond Jabès (1912–1991 [1330–1412 n.H.]) wurde in Kairo geboren. Sein Werk ist von seinem Nachdenken über das Exil und seine jüdische Herkunft geprägt. Edmond Jabès erhielt zahlreiche Auszeichnungen der bildenden Künste, Literatur und Wissenschaften. Als gefragter Redner reiste er häufig in andere Länder und trat in den Vereinigten Staaten, in Israel, Italien und Spanien als Kulturvermittler des Mittelmeerraums auf.

Rabbi Jehuda (122 n.Chr. [–516 n.H.]) wurde 52 Jahre nach der Zerstörung des Tempels geboren und war ein Nachkomme von Hillel. Sein Vater gehörte zum Stamm Benjamin, und seine Mutter stammte aus der Familie des Königs David. Von klein auf erhielt er seine Ausbildung von den größten Weisen. Er nahm als Gelehrter den heiligen Auftrag an, das mündliche Gesetz der Thora in einer Sammlung von sechs Traktaten schriftlich festzuhalten.

Rabbi Jochanan Ben Sakkai (ca. 70 n.Chr. [–569 n.H.]) war Schüler von Hillel und von Schammai und einer der größten Schriftgelehrten Israels. Neben den Nachkommen Hillels erhielt er als Einziger den Ehrentitel »Rabban« (»unser Lehrer«). Rabbi Jochanan lebte in einer schwierigen Epoche, in den Jahren vor und nach der Zerstörung des Tempels. Auch zwanzig Jahrhunderte später lebt er noch im Gedächtnis des jüdischen Volkes fort. Als charakteristisch galten seine Gutmütigkeit, Einfachheit und Zugänglichkeit.

Der heilige Johannes (1. Jahrhundert), auch als Apostel Johannes und Lieblingsjünger Jesu bekannt, stammte aus dem Dorf Betsaida (Stadt in Galiläa im heutigen Israel). Nach altkirchlicher Tradition gilt er als der Verfasser sowohl des vierten Evangeliums, das seinen Namen trägt, als auch der Offenbarung, die auch die Offenbarung des Johannes genannt wird.

Umm Kulthum (1904–1975 [1322–1395 n.H.]), eigentlich Fatima Ibrahim al-Sayyid al-Beltagui, wurde in Ägypten geboren. Ein Sänger hatte ihr außerordentliches Gesangtalent bereits früh entdeckt, doch erst einige Jahre später trat sie mit 16 Jahren – als Junge verkleidet – öffentlich in kleinen Theatern auf. Begegnungen mit zwei Virtuosen, einem Dichter und einem Lautenspieler, öffneten ihr die Tür zum Erfolg. Umm Kulthums große

Tourneen führten sie unter anderem nach Damaskus, Bagdad, Beirut und Tripolis. Wegen ihres sozialen Engagements und ihrer Großzügigkeit gegenüber den Armen nennt man sie die »Sängerin des Volkes«. Kalsoums Begräbnis war überwältigend, über fünf Millionen Menschen nahmen daran teil.

Omar Khayyam (ca. 1050–1123 [ca. 441–517 n.H.]) war persischer Mathematiker, Astronom und Philosoph sowie Verfasser des *Rubaiyat*, eines der berühmtesten dichterischen Werke der Welt. Der in Wissenschaft, Philosophie und Lebensfreude nach Wahrheit Suchende wurde von seinen fanatischen Zeitgenossen verurteilt, da er in Zweifel zog, was man um ihn herum verehrte.

Der Koran (7. Jahrhundert), die heilige Schrift des Islam und an die ganze Menschheit gerichtete, unerschaffene Rede Gottes (Allahs), ist eine Textsammlung, die dem Propheten Muhammad in einem Zeitraum von 23 Jahren (609–632) offenbart wurde. Der Koran wird bis auf den heutigen Tag von Generation zu Generation überliefert und auswendig gelernt. Die Hadiths bezeichnen Aussprüche und Taten, die dem Propheten Muhammad zugeschrieben werden.

Stanislaw Jerzy Lec (1909–1966 [1327–1386 n.H.]) stammte aus einer österreichisch-galizischen Familie jüdischer Herkunft und studierte 1933 Jura in Wien. Er wurde in ein Konzentrationslager interniert, konnte jedoch entkommen. 1957 veröffentlichte Stanislaw Jerzy Lec satirische Gedichte und wurde als Aphoristiker bekannt.

Amin Maalouf (1949 [1368 n. H.]), in Beirut geboren, studierte zunächst Ökonomie und Soziologie, bevor er als Journalist tätig wurde. Zwölf Jahre lang war er in über 60 Ländern als Reporter unterwegs. Seine Bücher sind geprägt von der Erfahrung des Bürgerkriegs und der Emigration. Sie handeln von entwurzelten Menschen, die zwischen zwei Ländern, Sprachen und Religionen hin- und hergerissen sind.

Nagib Machfus (1911–2006 [1329–1427 n. H.]), in einem Kairoer Altstadtviertel geboren, war ein arabischsprachiger Schriftsteller. Der humanistische und visionäre Denker und Literaturnobelpreisträger von 1988 zählt zu den bekanntesten Intellektuellen des heutigen Ägypten.

Der heilige Matthäus, in Galiläa geboren, arbeitete als Zollbeamter unter König Herodes in der Hafenstadt Kapernaom. Er schloss sich Jesus an, wurde Apostel und schrieb für die Hebräer in Aram das erste Evangelium. Matthäus starb im 1. Jahrhundert n. Chr. als Märtyrer.

Rabbi Meir (2. Jahrhundert) war ein Aufklärer unter den Gelehrten seiner Zeit. Er wollte nie Profit aus der Thora schlagen und lebte von seinen Einkünften als Schreiber.

Rabbi Menachem Mendel (1787–1859 [1201–1276 n. H.]) ist berühmt für seinen Scharfsinn und sein radikales und von Paradoxen geprägtes Denken. Der vehemente Antikleriker war zugleich ein leidenschaftlicher Verteidiger des Glaubens.

Iradj Mirza (20. Jahrhundert) ist ein persischer Dichter und Mitglied der königlichen Familie. Er erhielt eine Ausbildung, in der die Kulturen des Orients und Okzidents aufeinandertrafen. Neben seiner meisterlichen Beherrschung des Arabischen und des Französischen spricht er auch Englisch und Russisch. Mit den Themen der sozialen Gerechtigkeit und der Stellung der Frau in seinem Werk brachte Iradj Mirza neue Aspekte in die iranische Dichtung ein.

Rabbi Nachman von Bratslav (1772–1810 [1186–1225 n. H.]) zählt zu den markantesten Stimmen des Chassidismus, einer Bewegung, die die Geschichte des Judentums erschüttert hat. Es war eine spirituelle Revolte, die auf eine freudige Begegnung mit Gott Nachdruck legte, insbesondere durch Tanz und Gesang. Rabbi Nachman gilt als einer der großen jüdischen Mystiker.

Marc-Alain Ouaknin (1957 [1377 n. H.]) wurde in Paris geboren. Er ist Philosoph und Rabbi, Direktor des jüdischen Forschungszentrums Centre Aleph des Recherches juives in der französischen Hauptstadt und Professor für vergleichende Literaturwissenschaft an der Universität Bar-Ilan. Marc-Alain Ouaknin hat sich insbesondere mit dem Denken Emmanuel Levinas' auseinandergesetzt und es in einen Dialog mit verschiedenen Texten jüdischen Ursprungs gebracht, wie der Kabbala und des Chassidismus.

Orhan Pamuk, 1952 [1372 n. H.]) in Istanbul geboren, ist ein türkischer Schriftsteller. Seine Romane sind in seinem Heimatland außerordentlich erfolgreich und wurden in über 20 Sprachen übersetzt. Er erhielt zahlreiche Literaturauszeichnungen der Türkei sowie den Preis für das beste ausländische Buch der New York Times, den deutschen Buchpreis, den Medicis-Preis für ausländische Literatur und den Nobelpreis für Literatur.

Ahmad Mohammed Rami (1892–1981 [1310–1401 n. H.]) ist ein mehrsprachiger ägyptischer Dichter, der aus dem Englischen Shakespeare und aus dem Persischen Omar Khayyam übersetzt hat. Er trägt den Beinamen »Dichter der Jugend«, da er viele Lieder für die arabische Jugend verfasst hat. Für die berühmte Sängerin, Musikerin und Schauspielerin Umm Kulthum schrieb er 137 Liedtexte.

Dschalal ad-Din ar-Rumi (1207–1273 [603–671 n. H.]) stammte aus der Stadt Balkh in Afghanistan, aus der er mit seiner Familie vor dem Mongolensturm fliehen musste. Er gilt als größter mystischer Dichter persischer Sprache. Seine Gedichte zählen zu den sublimsten der spirituellen Weltliteratur, insbesondere das aus 25700 Versen bestehende Mathnawi, das er laufend überarbeitete. Der spirituelle Großmeister wurde im ganzen Orient als »Mevlana« bezeichnet, was sich als »unser Meister« übersetzen lässt. Er begründete die Mevlevi-Bruderschaft, deren Mitglieder auch als »tanzende Derwische« bezeichnet werden. Rumi, von seinen Zeitgenossen als Heiliger angesehen, vertrat revolutionäre Ansichten bezüglich der Staatsmacht und der islamischen Lehre. Er pflegte Christen und Juden genauso gern zu besuchen wie seine Religionsbrüder. Anlässlich des 800. Geburtstags des Dichters erklärte die UNESCO das Jahr 2007 zum Rumi-Jahr.

Frithjof Schuon (1907–1998 [1325–1419 n.H.]) wurde in Basel in der Schweiz geboren, später arbeitete er als Textildesigner in Paris. An Religionen allgemein interessiert, vor allem am Christentum und dem Islam, erfuhr er in Algerien den geistigen Einfluss großer Sufimeister, bevor er eine der ersten Fachrichtungen islamischer Esoterik in Europa gründete.

Der persische Philosoph und Dichter **Mahmûd Shabestarî** (1288–1340 [687–740 n.H.]) ist ein iranischer Sufimystiker. Sein Hauptwerk *Der Rosengarten der Mystik* ist ein Klassiker der persischen Literatur. Der Dichter wird bis heute in seiner Heimat, wo sich auch sein Grabmal befindet, hoch geschätzt.

Der ägyptische Dichter **Ahmad Shafiq Kamel** (20. Jahrhundert) hat für viele Lieder der ägyptischen Diva Umm Kulthum die Texte verfasst und gilt als wichtiges Nationalsymbol Ägyptens.

Faouzi Skali (20. Jahrhundert) wurde im marokkanischen Fes geboren. Er ist Sufi und Mitglied einer Tariqa («mystischer Weg«). Skali initiierte ein »Forum großer Traditionen der Menschheit« und gründete das inzwischen weltbekannte Festival der religiösen Musik in Fes. In diesem Zusammenhang entstanden die dem kulturellen Dialog gewidmete Stiftung von Fes sowie ein Institut interkultureller und interreligiöser Diplomatie in Ifrane, wo ein vielfältiger kultureller Dialog gepflegt wird, der den Islam für die Aufklärung zu öffnen sucht.

Der Talmud ist eine Sammlung rabbinischer Erörterungen bezüglich der Gesetzgebung, Bräuche und der Geschichte der Juden.

Abû Hayyân al-Tawhîdî (922–1023 [309–414 n.H.]) wird zu den zwei oder drei größten Meistern der klassischen arabischen Prosa gerechnet. Als Grammatiker, Philosoph, Moralist und Mystiker hat er ein breit gefächertes Werk hinterlassen, von dem bis heute nur wenige Fragmente übersetzt worden sind.

Der heilige Thomas ist einer von den zwölf Aposteln, die Jesus begleiteten, und versinnbildlicht den Zweifel. Der Verkünder des Christentums in Indien starb den Märtyrertod.

Die Thora (auf Hebräisch »Gesetz«) ist der Gründungstext des Judentums. Sie bildet die Grundlage der abrahamitischen Religionen. Ihre spirituelle Essenz ist die Anerkennung eines einzigen Gottes.

Franz Toussaint (1879–1955 [1296–1375 n. H.]) war ein französischer Schriftsteller und Orientalist, der zahlreiche Werke aus dem Arabischen, Persischen, dem Sanskrit und dem Japanischen übersetzt hat. Seine bekannteste Übersetzung, die ihrerseits wieder in andere Sprachen übertragen wurde, ist *Rubaiyat* von Omar Khayyam.

Éva de Vitray-Meyerovitch (1909–2001 [1327–1422 n. H.]) war Schriftstellerin und Übersetzerin und hat mit Mut und einer außergewöhnlichen Selbstaufopferung das Jahrhundert durchlebt. Sie hinterließ ein umfangreiches Werk, einen wahrhaften Schatz für jeden, der nach dem Absoluten sucht. Éva de Vitray-Meyerovitch hat deutlich zur Überwindung vieler Vorurteile beigetragen, und dank ihrer Vermittlung konnten sich zahlreiche Türen zwischen dem Orient und dem Okzident öffnen.

Muhammad Yunus (1940 [1359 n. H.]) ist ein bangladeschischer Ökonom und Unternehmer. Er erhielt 2006 den Friedensnobelpreis für die Gründung des ersten Mikrokreditinstituts, der Grameen Bank. Er trägt den Beinamen »Bankier der Armen«.

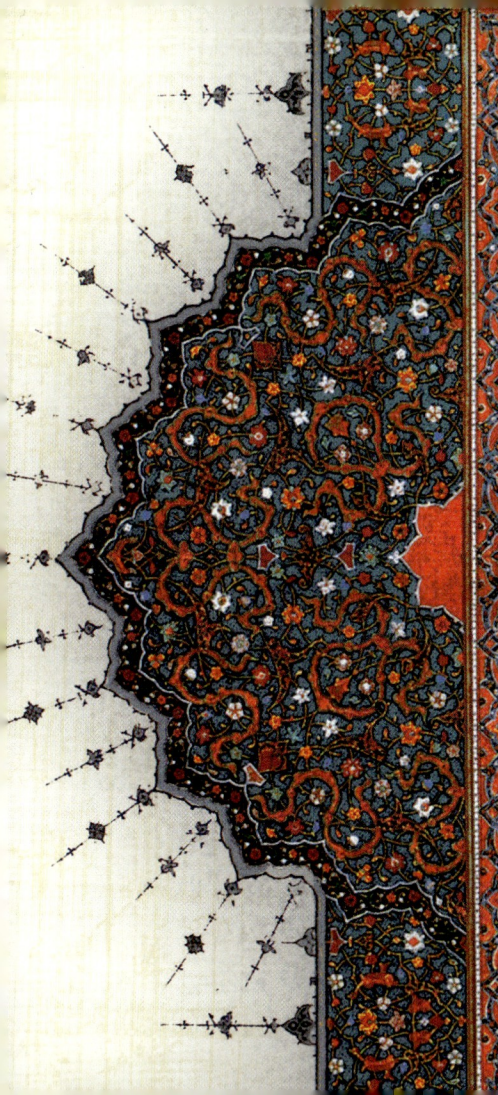

Bibliografie

Addas, Claude: *Ibn Arabî et le voyage sans retour*, © Éditions du Seuil, 1996: 12. September; 3., 10. Dezember.

Attar, Farid ud-Dîn: *Le Livre des Conseils*, Übersetzung aus dem Persischen durch Ateliers Föllmi: 21. April; 13. Mai; 17. Juni; 29. Juli.

Ben Jelloun, Tahar: »*Soumission à la paix*«, *Le monde des religions, 20 clés pour comprendre l'islam*, außer Seriennr. 4, 2007: 6. Juli.

Bentounès, Cheikh Khaled: *L'Homme intérieur à la lumière du Coran*, © Éditions Albin Michel, 1998: 5. Januar; 25. Februar; 6., 22. März; 28. April; 18., 19. Mai; 10., 16., 29. Juni; 11., 14., 22. Juli; 5., 13. August; 3., 8. Oktober; 2., 4., 7., 10., 15., 18. November; 14., 22. Dezember.

Buccianti, Alexandre: »*Une semaine après avoir été victime d'un attentat Naguib Mahfouz déclare qu'un terroriste ignore tout de l'islam*«, *Le Monde* vom 23. Oktober 1994: 6. Oktober.

Demaison, Philippe Yacine: *L'Islam dans la cité: dialogue avec les jeunes musulmans français*, © Éditions Albin Michel, 2006: 5. März; 2. Juni; 31. August.

Deseille, Placide: *La spiritualité orthodoxe et la philocalie*, © Éditions Albin Michel, 2003: 4., 29. September.

Emre, Yunus: *Le petit livre des Conseils*, aus dem Türkischen übersetzt und dargestellt von André Duchemin, © Éditions Arfuyen, 2006: 10., 20. August.

Al-Ghazâlî, Abu Hamid Muhammad ibn Muhammad: *Le Tabernacle des Lumières (Michkât Al-Anwâr)*, © Éditions du Seuil, 1981: 24. Januar; 7., 15. Februar; 11. November.

Gibran, Khalil: *Les Dieux de la Terre*, © Éditions La Part Commune, 1990: 29. April; 14. Oktober.

Gibran, Khalil: *L'Œil du Prophète*,
© Éditions Albin Michel, 1991:
26. Januar; 11. Oktober; 16. Dezember.

Gibran, Khalil: *Le Prophète & Le jardin
du Prophète*, © Éditions du Seuil, 1992:
3., 10., 13., 31. Januar; 2., 4., 5., 17.,
19., 23., 28. Februar; 11., 15., 16., 20.,
23., 25., 27., 29., 31. März; 6., 7., 13.,
18., 19., 22., 24., 25., 27. April; 6., 10.,
12., 14., 16., 21., 23., 26., 30. Mai;
1., 3., 6., 9., 28. Juni; 19., 20., 21. Juli;
1., 4., 11., 12., 14., 15., 17., 23., 24.,
29. August; 5., 9., 20., 22., 24., 25.,
27. September; 12., 13., 15., 19. Oktober;
14., 19. November; 2., 8. Dezember.

Gibran, Khalil: *Le Sable et l'écume,
Aphorismes*, © Éditions Albin Michel, 1990:
17. April; 9. Oktober.

Ibn al-Arabi: *Le chant de l'ardent
désir*, © Éditions Actes Sud, 1995:
19. Januar.

Ibn al-Arabi: *Traité de l'amour*, © Éditions Albin
Michel, 1986: 27. Juni; 5. Oktober.

Khayyam, Omar: *Quatrains-Ballades*,
© Éditions Actes Sud, 1998:
3. September; 6. Dezember.

Khayyam, Omar: *Rubâ'yât*,
© CFL, Éditions Gallimard, 1994:
12. Juli; 10. September; 24. Oktober.

Khayyam, Omar: *Robaiyat*, © Éditions d'Art H.
Piazza, 1924: 12. Februar; 8. Juni; 8. September;
13. Dezember.

Khayyam, Omar: *Les quatrains d'Omar Khayyâm*,
übersetzt und dargestellt von Omar Ali-Shah, ©
Éditions Albin Michel, 2005: 5. Juli.

Lurçat, Pierre Itshak:
Préceptes de vie issus de la sagesse juive,
© Presses du Châtelet, 2001: 2., 11. Januar;
6., 9. Februar; 1., 3. März; 1., 4., 23. April;
24., 27., 28. Mai; 18., 19., 21. Juni;

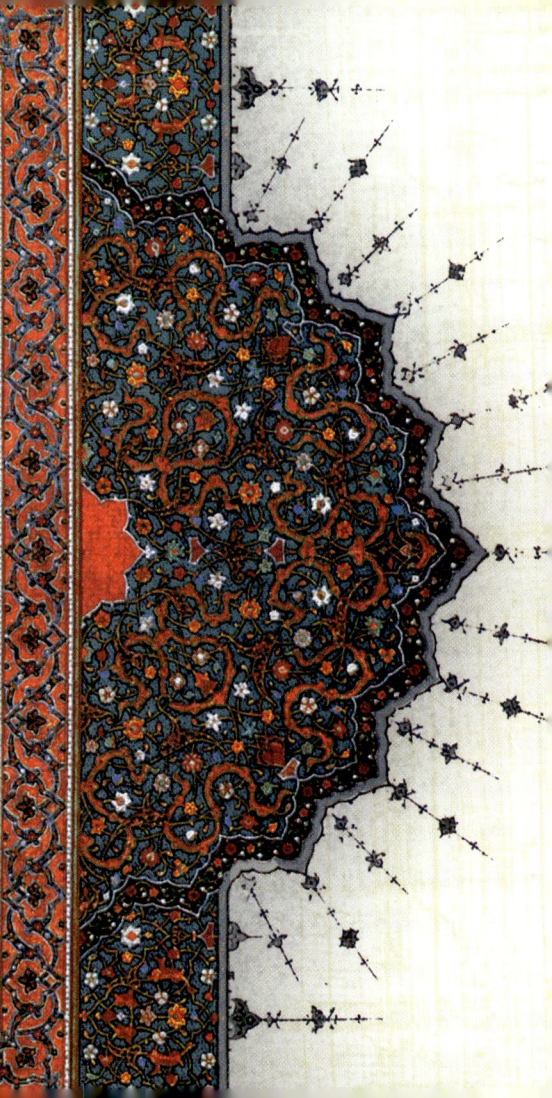

17., 26., 30. Juli; 3., 7., 27. August;
6., 14. September; 4. Oktober;
23., 26. November; 18. Dezember.

Maalouf, Amin: *Les Identités meurtrières*,
© Éditions Grasset & Fasquelle, 1998:
20. Januar; 24. Februar; 24. März; 15. Juni;
25., 30. August; 1., 18. September; 30.,
31. Oktober; 3., 27., 29. November.

Machfus, Nagib: *Impasse des deux palais*,
© Éditions Jean-Claude Lattès, 1985:
12. Januar.

Malka, Victor: *Mots d'esprit de l'humour juif*,
© Éditions du Seuil, 2006: 2. August;
27., 29. Oktober.

Malka, Victor: *Proverbes de la sagesse juive*,
© Éditions du Seuil, 1994: 14. Februar; 10. April;
23. Dezember.

Malka, Victor: *Les sages du judaïsme*,
Vie et enseignements, © Éditions du Seuil, 2007:
7., 18. März; 12. April; 4. Mai; 9. Juli;
8., 18., 21. August; 17., 23. September;
5., 6., 8., 22. November.

Mégally, Samir: *L'Égypte chantée 2, Oum Kalthoum*,
© Éditions Samir Mégally, 1997: 10., 12., 21., 30. März;
5., 14. April; 2. Mai; 5. Juni; 15. September; 16., 24. November;
19., 28. Dezember.

Merton, Thomas: *La Sagesse du désert, Aphorismes des
pères du désert*, © Éditions Albin Michel, 2006: 15. Juli.

Midal, Fabrice: *L'essentiel de la sagesse soufie*,
© Presses du Châtelet, 2006: 18. Januar.

Ouaknin, Marc-Alain: *Lire aux éclats. Éloge de la caresse*,
© Éditions du Seuil, 1994: 17., 21., 22. Januar; 1., 11., 20. Mai;
11., 12., 13., 14., 25., 30. Juni; 10. Juli; 28. August; 11., 19.,
26., 28. September; 2. Oktober; 21. November; 1., 12. Dezember.

Pamuk, Orhan: *Discours de la remise du prix Nobel de la paix*,
12. Oktober 2006: 9. Mai.

Ar-Rumi, Dschalal ad-Din: *Mathnawî, la quête de l'Absolu*,
© Éditions du Rocher, 2004: 13. Februar; 16. Juli, 25. November.

Ar-Rumi, Dschalal ad-Din: *Odes mystiques. Dîvân-E Shams-E Tabrîzî*,
© Presse de l'Unesco, 1973: 4., 29. Januar; 1., 3., 16., 21., 22. Februar;
4., 28. März; 9., 16., 26. April; 4. Juni; 28. Juli; 16. August; 25.,
26. Oktober; 13. November; 21., 24., 27., 31. Dezember.

Ar-Rumi, Dschalal ad-Din: *Rûmi, the Book of Love*,
© Editions Coleman Barks, 2003: 8. Juli.

Ar-Rumi, Dschalal ad-Din: *Whoever brought me here will have
to take me home*, © Éditions Penguin Arkana, 1998: 20. Dezember.

Ar-Rumi, Dschalal ad-Din: *Roubâ'yât* © Librairie d'Amérique
et d'Orient Adrien Maisonneuve: 27. Januar; 7. Juli.

Schimmel, Annemarie: *Meine Seele ist eine Frau.*
Das Weibliche im Islam, © Kösel Verlag, 1995: 6., 8. Januar;
2. April.

Schoun, Frithjof: *Comprendre l'Islam,*
© Éditions du Seuil, 1976: 20. April; 17. November.

Shabistari, Mohammad: *The secret rose garden,*
© Éditions D. R. Fideler, 2002: 15. April.

Skali, Faouzi: *Traces de lumière, Paroles initiatiques soufies,*
© Éditions Albin Michel, 1996: 1., 7., 9., 14., 16., 23., 25. Januar;
10., 20., 26., 27. Februar; 2., 8., 9., 13., 14., 17., 26. März;
30. April; 5., 7., 8., 15., 17., 25., 31. Mai; 7., 20., 22., 23., 24.,
26. Juni; 2., 3., 13., 23., 24., 25., 27., 31. Juli; 6., 9., 22. August;
2. September; 1., 18., 21., 22. Oktober; 1., 9., 30. November;
4., 7., 17., 21., 26., 30. Dezember.

Tawhidi: *De l'Amitié*, © Éditions Actes Sud,
2006: 18. Februar; 11. April; 29. Mai; 21.
September; 20. November.

Der heilige Thomas: *L'Évangile de Thomas,*
übersetzt und kommentiert von Jean-Yves Leloup,
© Éditions Albin Michel, 1986: 18. Juli.

Vitray-Meyerovitch, Éva de: *Rûmi et le soufisme,*
© Éditions du Seuil, 2005: 15., 28., 30. Januar;
8. Februar; 10., 20. Oktober; 5., 9., 11., 15. Dezember.

Yunus, Muhammad: »Transgresser les préjugés économiques«,
Le Monde diplomatique, Dezember 1997: 28. November.

Einheitsübersetzung der Heiligen Schrift, © Katholische Bibel-
anstalt, 1980: 3. April; 1. Juli; 7. September; 17. Oktober.

Der Koran. Das heilige Buch des Islam, bearbeitet und
erläutert von Leo Winter, © Wilhelm Goldmann Verlag
in der Verlagsgruppe Random House GmbH, 1959:
3. Mai; 19. August; 30. September; 7., 16., 23. Oktober.

Paroles de Touaregs, Texte präsentiert von Maguy
Vautier, © Éditions Albin Michel, 1997: 19. März.

Danksagung

Für André und Jaffa Stockhammer für ihre unermüdliche Unterstützung und treue Freundschaft

Die Autoren bedanken sich herzlich bei den Personen, die ihnen mit Rat und Tat
bei der Realisation von *Die Weisheit des Orients* beigestanden haben:

Wissenschaftliche Beratung
Katholische Universität vom Heiligen Herzen: Professor Paolo Branca
und sein Assistent Joan Rundo in Mailand (Italien)
Universität Leiden, Holland
Universität Rimay-Nalanda und Sangha Rimay in Arvillard (Frankreich)
L'Association Ribat Al-Fath pour le développement durable in
Rabat (Marokko)
Osmund Bopearachchi, Professor an der Universität Paris-Sorbonne
im Labor für Archäologie des CNRS (Frankreich)
Pater Carney Gavin, Präsident des Archivs für historische Dokumentation
in Brighton (Großbritannien)
Pater Maximous El Anthony vom St.-Antonius-Kloster (Ägypten)
Pater Jean-Jacques Perennes, verantwortlich für die Bibliothèque
spirituelle in Kairo (Ägypten)
Yetta und John Goelet in Sandricourt (Frankreich)
Hossein T. Akrad in Amsterdam (Niederlande)
Pierre und Josée Godé in Paris (Frankreich)
Évelyne und Costa Vrousos in Saint-Ismier
mit Calina Lauer in Straßburg (Frankreich)
Jaffa und André Stockhammer in Genf (Schweiz)
Guy und Nathalie Trouveroy, ehemaliger belgischer Botschafter in
Kairo (Ägypten)
Alain Guillemin, im Institut du Monde Arabe in Paris (Frankreich)

Literarische Beratung
Françoise Toussaint in Paris
Pascale Manificat in Briançon
Jean-François Cludy, Michel Bessis, Ionna Rapti, Céline Anger
in Paris (Frankreich)
Jean Daniel Hostettler und Martine Jaccard in Lausanne (Schweiz)

Assistenz bei der literarischen Recherche
Virginie de Borchgrave d'Altena in Brüssel (Belgien)
und Emmanuelle Courson in Annecy (Frankreich)

Logistische und administrative Unterstützung
Madeleine Viviani und Annalisa Beltrami
in der schweizerischen UNESCO-Kommission in Bern (Schweiz)
Franck Portelance und Edith Coiquaud von der Firma FUJIFILM
in Paris (Frankreich)
Guy Frangeul und Bertrand Nauts von der Firma Objectif Bastille
in Paris (Frankreich)
Bernard Gachet, Philippe Lavorel und Jean Baptiste Deprez in
Annecy (Frankreich)
Pascal Maubert, französischer Konsul in Peking (China)
Jean-Luc Delvert, französischer Konsul in Bangkok (Thailand)
Gabriela Perez Palma in Brüssel (Belgien)

Organisation der Reisen
Virginie de Borchgrave d'Altena in Brüssel (Belgien)

Fotografische Assistenz vor Ort
Noonie Varunee Skaosang (Thailand)
Jacky Wen Yutao (China)

Auswahl der Fotografien
Guy de Régibus in Paris (Frankreich)

Ägypten
Dominique Escartin und Noha Escartin in Paris (Frankreich)
Fatima Ebayd Mohamed, Habibah Ebayd Mohamed,
Azizah Bechir Jumah, Esraa und Safaa Gamal in
Gharb es-Sehel
Saiid Mohamed Hudsan in Assuan
Victor Garo in Luxor
Pater Thomas und Pater Abader im Kloster des heiligen
Paulus
Pater Nicodemos und Pater Daood im Kloster
Deir Amba Bishoi (Ägypten)

Algerien
Mohamed Bekakra und seine Familie in El Oued (Algerien)
sowie Fariza, Soumaya, Nadia, Khatir

Iran
Maryam, Sarvenaz, Nashreen, Ali à Isfahan, Mehdi
und Mah (Familiennamen unbekannt) in Teheran (Iran)
Frédéric Garouste in Paris (Frankreich)
Saeed Sadraee in Brüssel (Belgien)

Israel, Jerusalem und Palästina
Emmanuel Abramowicz, Céline Moulys, Pater Marie Angel
von der Johannesgemeinschaft
Jean Emmanuel Lagarde und Alain Borne in Paris
Alexandra Tissinié in Nizza (Frankreich)
Ameer Basti, Dr. Catharina Wolff im Österreichischen
Hospiz zur Heiligen Familie
Jeffrey Seidel, Jodie und Eden in Jerusalem

Jemen
Khadija Al-Salami in der Botschaft der Republik Jemen
in Paris (Frankreich)
Gilles Gauthier, französischer Botschafter in Sanaa
Corinne Tarhouni, Nadil und Mohammed Al-Nuzaili
von der Agentur BTA Tours in Sanaa
Osama Taher
Adel Ali
Abdulsalam A. Senter
Mohammed A. Al-Yereemi
Ahmed Abdo Hamzah
Mohamed H. Al-Ansey
sowie die Familie von Abdullah M. Al-Agel
in Manakha (Jemen)

Jordanien
Dr. Ahmad Masa'deh,
Botschafter des
Haschemitischen
Königreichs von
Jordanien in
Brüssel

Mona al Husseini, Pressesprecherin der Botschaft des Haschemitischen Königreichs von Jordanien in Paris (Frankreich)
Taman und Nasser in Petra (Jordanien)

Libanon
Alma Fakhre Mecattaf
Thilda Herbillon-Moubayed
Abdallah Naaman, Kulturattaché der Libanesischen Botschaft
in Paris (Frankreich)
Maggy Chamoun, Zaina Trad in Brüssel (Belgien)

Libyen
Bechir Trabelsi der Agentur Sand & Ruins Tours in Tripolis

Abdul Aziz Chembira
Mohamed Aboubak
Otman Abul Aziz
Mohamed Tergui in Sebha
Luisa und Vittorio Rocco in Torrepadula, Gesandter der
italienischen Botschaft in Tripolis (Libyen)

Marokko
Claudie und Khalid Benchegra
Khalid Afalou in Marrakesch (Marokko)
Quentin Wilbaux in Brüssel (Belgien)

**Mongolei, Kirgisien, Turkmenistan und die Region von
Kaschgar (China)**
René Collet in Courchevel
Marie-Eudes Lauriot Prevost in Paris (Frankreich)
Naraa Tenger-Ekh und Muugii Munkhjargal in Ulan Bator (Mongolei)

Pierre Jaccard und Philippe Chabloz in Genf (Schweiz)
Dalbaev Kanatbek in Bishkek (Kirgisien)

Das Sultanat Oman
Bakheit bin Abdulla bin Salim Bait Masam (Oman)

Pakistan
Zishan Afzal Khan in Islamabad (Pakistan)

Türkei
Fesih Sevdi
Ahmet Ertug
Ara Güler

Lütfi Aygüler und seine Familie
Ismet und Mahmut Bozbey in Istanbul (Türkei)

Zur Realisation haben beigetragen

In den Ateliers Föllmi in Annecy (Frankreich):
Viviane Bizien, Christelle Chaffard, Emmanuelle Courson,
Marion Franck, Stéphanie Ly, Corinne Morvan-Sedik, Nicolas Pasquier
sowie Sophie Pouly

Bei Éditions de La Martinière in Paris (Frankreich):
Isabelle Perrod, Sandrine Bailly, Dominique Escartin,
Cécile Van Der Brooke, Marianne Lassandro und ihre Teams

Fotografie vom 7. Oktober © Noonie Varunee Skaosang

Die Weisheit des Orients – Tag für Tag von Danielle und Olivier Föllmi
ist der sechste Band aus der Reihe *Weisheit der Menschheit*

Das Projekt konnte 2003 dank der Großzügigkeit
von einem anonymen Spender
und von
Lotus & Yves MAHÉ
ins Leben gerufen werden.

Aktive Begleitung des Projekts durch Fujifilm, Canon und die Universität Sangha Rimay

unter Beteiligung von Dupon, Orkis und Grands Reportages

unter der aktiven Schirmherrschaft der UNESCO

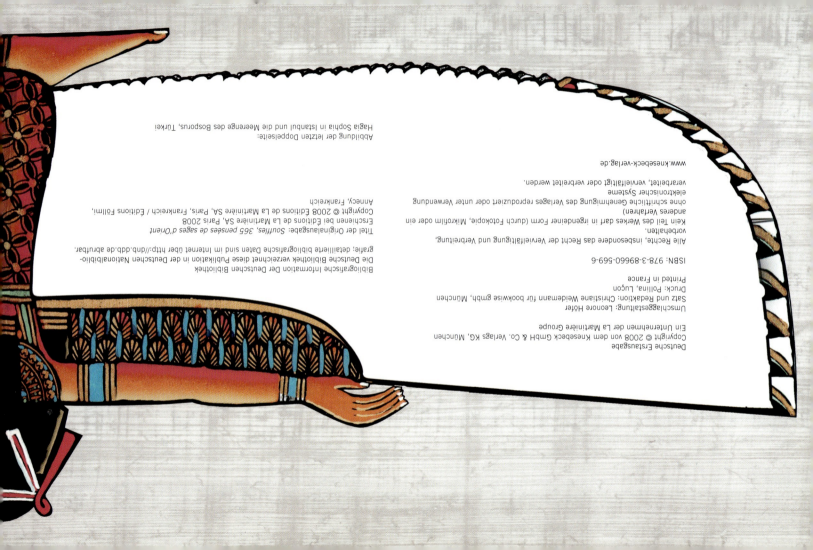

Deutsche Erstausgabe
Copyright © 2008 von dem Knesebeck GmbH & Co. Verlags KG, München
Ein Unternehmen der La Martinière Groupe

Umschlaggestaltung: Leonore Höfer
Satz und Redaktion: Christiane Weidemann für bookwise gmbh, München
Druck: Pollina, Luçon
Printed in France

ISBN: 978-3-89660-569-6

Alle Rechte, insbesondere das Recht der Vervielfältigung und Verbreitung, vorbehalten.
Kein Teil des Werkes darf in irgendeiner Form (durch Fotokopie, Mikrofilm oder ein anderes Verfahren)
ohne schriftliche Genehmigung des Verlages reproduziert oder unter Verwendung elektronischer Systeme
verarbeitet, vervielfältigt oder verbreitet werden.

www.knesebeck-verlag.de

Titel der Originalausgabe: *Souffles, 365 pensées de sages d'Orient*
Erschienen bei Éditions de La Martinière SA, Paris 2008
Copyright © 2008 Éditions de La Martinière SA, Paris, Frankreich / Éditions Föllmi,
Annecy, Frankreich

Bibliografische Information Der Deutschen Bibliothek
Die Deutsche Bibliothek verzeichnet diese Publikation in der Deutschen Nationalbibliografie; detaillierte bibliografische Daten sind im Internet über http://dnb.ddb.de abrufbar.

Abbildung der letzten Doppelseite:
Hagia Sophia in Istanbul und die Meerenge des Bosporus, Türkei

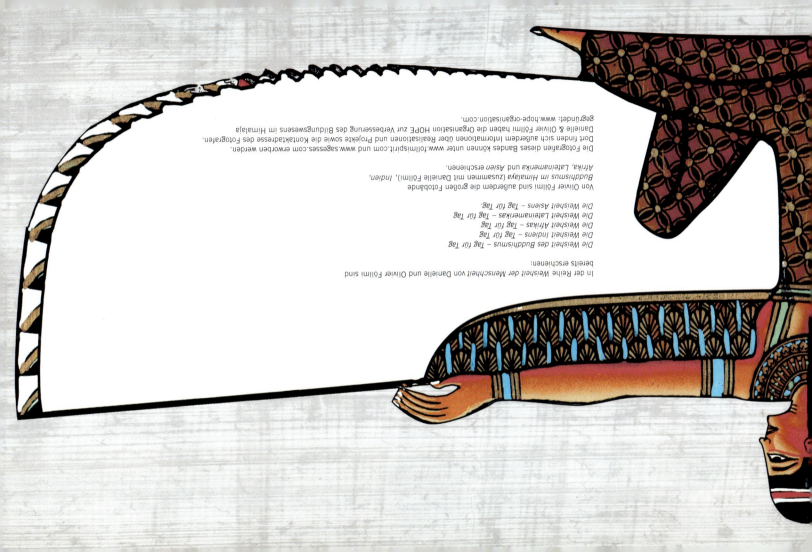

In der Reihe *Weisheit der Menschheit* von Danielle und Olivier Föllmi sind bereits erschienen:

Die Weisheit des Buddhismus – Tag für Tag
Die Weisheit Indiens – Tag für Tag
Die Weisheit Afrikas – Tag für Tag
Die Weisheit Lateinamerikas – Tag für Tag
Die Weisheit Asiens – Tag für Tag

Von Olivier Föllmi sind außerdem die großen Fotobände *Buddhismus im Himalaya* (zusammen mit Danielle Föllmi), *Indien, Afrika, Lateinamerika* und *Asien* erschienen.

Die Fotografien dieses Bandes können unter www.follmispirit.com und www.sagesses.com erworben werden. Dort finden sich außerdem Informationen über Realisationen und Projekte sowie die Kontaktadresse des Fotografen. Danielle & Olivier Föllmi haben die Organisation HOPE zur Verbesserung des Bildungswesens im Himalaja gegründet: www.hope-organisation.com.

Shalom.
As-salam Aleïkoum.
Der Friede sei mit euch.

Männer und Frauen wünschen sich Frieden, der im Herzen eines jeden beginnt. Diesen Ausspruch begleitet eine Geste, bei der die Hand vom Herzen zum Mund und vom Mund zur Stirn geführt wird, bevor in Form einer Arabeske ein Schwung angedeutet wird, der die drei Mysterien des Körpers, der Rede und des Geistes zusammenfasst.

Du gibst, wem du willst, was du willst. Abū Hayyān al-Tawhīdī